kifferlecole

Sommaire

Préambule

Lorsque nous débutons le métier de professeur des écoles et que nos conseillers et formateurs viennent nous rendre visite, nous sommes jugés sur la préparation de la classe. A-t-on une « fiche de prep » qui tient la route ? Avons-nous bien réfléchi à la place de notre séance dans une progression des apprentissages ? Les objectifs d'apprentissage sont-ils bien définis, et si oui, quelle organisation et quelle méthodologie mettons-nous en place pour les atteindre ? Avons-nous prévu une trace écrite, un retour sur ce qui a été appris ? Quid de l'évaluation des savoirs nouvellement acquis ?

La réflexion, primordiale, menée autour des connaissances et de leur transmission est au cœur des échanges. Pourtant, bien souvent, ce qui nous semble le plus difficile à gérer est le groupe, le bruit, le chahut, les chamailleries, etc. : « J'avais tout bien préparé, je me suis couchée à pas d'heure mais ils n'écoutent rien ! Ils font n'importe quoi ! Help ! »

Avec du travail en amont et une bonne réflexion, nous avons en théorie toutes les clés pour réussir une séance en classe au cours de laquelle les élèves seront au travail et pourront acquérir de nouvelles connaissances. Ça, c'est la théorie ! Mais dans la pratique, que se passe-t-il si nos élèves ne coopèrent pas ? Si je n'arrive pas à me faire entendre ? Quand une bagarre éclate entre deux enfants, ou que l'un d'entre eux proclame : « Je ne veux pas travailler », tandis qu'un autre chante à tue-tête debout sur sa chaise ? Les meilleures préparations de classe ne valent rien si nous n'arrivons pas à gérer nos élèves. Une magnifique fiche de préparation ne nous sera d'aucune utilité si la classe ne semble pas concernée, chahute et détourne les activités.

Lors de ma formation pour devenir professeure des écoles à l'IUFM en 2004, puis tout au long de ma carrière en « formation continue », l'accent a été mis sur la didactique. Les apprentissages fondamentaux (mathématiques et français) sont la priorité des gouvernements qui se succèdent. Et si, pour obtenir des résultats dans ces domaines, nous ajoutions quelques questions ? Comment je me sens ? Comment les élèves se sentent-ils ? Comment travailler sur l'ambiance générale ? Où est le kif ? Comment gérer les élèves difficiles, renouveler mon énergie et mon enthousiasme ? Quels sont

KIFFER L'ÉCOLE

AVEC

ÉMILIE HANROT

Illustrations de Mademoiselle Ève

hachette

les écueils à éviter, les mots qui rompent la communication, les actions qui brisent le lien au lieu de le renforcer ? Et si la gestion de classe pouvait elle aussi s'enseigner ?

J'aimerais partager avec vous tout ce que j'ai appris en 20 ans de métier, tout ce qui fait que j'enseigne aujourd'hui avec un enthousiasme sans cesse renouvelé.

Je propose d'examiner les gestes professionnels et les astuces essentielles que j'utilise dans ce métier, au-delà des préparations de classe et des impératifs de la didactique. La question à laquelle je vais tenter de répondre n'est pas : « que faut-il enseigner ? » — les programmes sont faciles à trouver, à lire et comprendre — mais plutôt : « comment enseigner ? »

Comment obtenir un climat de classe serein ? Apprendre à gérer le groupe, à s'adresser efficacement aux élèves, à leur transmettre l'aptitude à communiquer paisiblement entre eux.

Trouver le bon positionnement en tant qu'adulte référent dans la classe. Mais aussi avoir une classe apaisée avec des élèves attentifs et coopératifs. Obtenir le calme et le silence sans hausser la voix.

Je vous explique comment j'aide à la résolution de conflits en classe, comment s'en sortir avec des élèves dits « difficiles », perturbateurs ou en crise.

Comment aussi gérer le relationnel avec les parents et avec les collègues.

En somme, je partage avec vous ma vision de l'éducation.

Si vous avez perdu votre optimisme et si vous avez l'impression de ne pas vous en sortir, si ce métier vous épuise, je vous accompagne pour changer vos pratiques de classe pour plus de bien-être au travail.

Comme beaucoup de profs, quand j'ai démarré le métier, j'ai galéré. Une année, affectée à une classe de CE1 dans une école réputée « difficile », j'ai bien cru que je n'y arriverai pas, que ce métier n'était pas fait pour moi, que c'était trop difficile, pour ne pas dire impossible. Je me suis sentie nulle, dépassée par le chahut et par la violence entre les élèves. Je me suis remise en question. J'étais exténuée, découragée. Des heures de travail de préparation de classe se trouvaient réduites à néant face à des élèves qui détournaient mes activités, ne semblaient pas écouter, se disputaient entre eux, se plaignaient, me répondaient avec insolence. Quand ils ne donnaient pas l'air de s'ennuyer, ils me le disaient en face : « Maîtresse, c'est quand la récré ? »

Je ne cache pas que j'ai pleuré certains soirs, pensant que je ne trouverai pas le courage d'y retourner le lendemain. J'étais démunie face à la quantité d'élèves, je n'arrivais pas à obtenir le silence, et quand le l'obtenais, à quel prix était-ce ? Et pour combien de temps d'attention et de disponibilité ? J'avais l'impression de passer mon temps à crier, à faire la police, à éteindre des incendies, à me creuser la cervelle pour les maintenir occupés. Heureusement, il y a aussi eu des moments magiques où mes élèves semblaient heureux, où je parvenais à me détendre, et qui m'ont donné l'envie de m'accrocher. De petites victoires qui me sont venues avec l'expérience, mais pas seulement.

Un soir, je pleure et me plains auprès de mon conjoint :

« Tu ne te rends pas compte : ils sont affreux, ils sont méchants les uns envers les autres. Je n'ai pas envie d'y retourner demain. Je suis épuisée. Je veux plus les voir, ce sont des monstres. » Il m'écoute et me dit cette phrase que je n'oublierai jamais : « Émilie, rappelle-toi que ce sont des enfants. »

Aussi simple et évidente que cette vérité paraisse, l'entendre m'a fait un bien fou. Nos élèves sont effectivement des enfants ! Mais lorsque l'on a le nez dans les programmes, la préparation de classe, les inspections, qu'il faut les ranger deux par deux, gérer le chahut, les faire s'asseoir en silence, apprendre et travailler, on exige des élèves, des écoliers, qu'ils écoutent et travaillent, un point c'est tout. J'en avais oublié qu'avant tout, j'avais affaire à des enfants, et c'est peut-être pour cela que je n'arrivais pas à devenir l'enseignante que j'aurais voulu être. Avant d'enseigner quoi que ce soit à un cerveau, il fallait que je prenne en charge l'Enfant — et son indissociable et encombrant bagage affectif.

Cette carrière d'instit', je l'ai entamée en parallèle de mes débuts de maman. Les sujets d'éducation m'ont toujours passionnée. J'ai lu plusieurs ouvrages autour de l'enfant et de la psychologie infantile, de la pédagogie, de la communication. J'ai assisté à des conférences, suivi les avancées de la recherche scientifique, discuté inlassablement avec d'autres parents au square, j'ai regardé faire mes ami(e)s et collègues. Je me suis réellement formée et j'ai commencé à mettre en application en classe mes découvertes.

Introduction

À la lecture de ce livre, vous penserez peut-être qu'il n'y a rien d'extraordinaire à ce que j'écris. Que ce n'est ni nouveau, ni révolutionnaire. Vous aurez raison. Je n'ai rien inventé, ni découvert. Ce que je propose ne coûte rien, ne nécessite pas de matériel particulier, mais a changé la manière de vivre mon métier et me permet, année après année, de kiffer l'école.

Mon fils, en début de quatrième, m'a prévenue qu'il aurait de mauvaises notes en maths cette année-là parce qu'il n'aimait pas sa prof. « Je ne comprends rien quand elle explique, elle donne des punitions collectives et j'ai l'impression qu'elle n'aime pas son métier. Mais en troisième, tu verras, je te promets que j'aurai une meilleure moyenne parce que j'aurai Madame Picoud. Elle, je l'aime bien. » Tout était dit. L'affect joue un rôle majeur dans les apprentissages. La confiance mutuelle est l'une des clés de l'harmonie entre enseignés et enseignants.

Ce n'est donc pas tant le contenu d'un cours qui fait que les enfants adhèrent ou non à une matière, mais bien la manière dont elle est enseignée.

Il y a quelques années, j'ai été amenée à faire des remplacements un peu partout dans Paris. Dans de nombreux établissements, l'ambiance était tendue. J'ai fait le triste constat que l'énervement est présent à tous les étages : les élèves n'écoutent pas, chahutent et sont parfois dans l'insolence. Les adultes crient, les professeurs sont dépassés, lassés, épuisés, à bout de nerfs. Ici, on m'accueille en essayant de me rassurer : « Tu vas voir, ils ne sont pas faciles et ils vont te tester, mais courage, ils sont pas méchants, faut juste leur serrer la vis ! ». Là, on m'encourage : « Allez, plus que deux semaines avant les vacances ! » Enseigner doit-il toujours rimer avec tension et lassitude ?

Un jour, le hasard des affectations m'envoie pour une journée en CM2, en zone prioritaire. Cela m'intimide un peu car je suis en maternelle depuis plus de dix ans. Le choc de l'annonce passé, je quitte mes petits élèves de quatre ans pour retrouver, un peu fébrile, de grands gaillards prépubères.

Dans la cour de récré, je suis soulagée. Oh, surprise... ce ne sont que des enfants. Certains courent en riant, d'autres viennent me demander mon prénom. Je soigne un bobo puis écoute une petite fille me chanter « Libérée, délivrée ». Je sens bien le potentiel explosif de certains mais je les trouve vraiment cool. Drôles et pleins de vie. Je m'amuse bien. Je repère rapidement Mouad et Dylan qui m'ont l'air de bons candidats aux débordements. Mais au final, la menace ne viendra pas d'eux. Ils jouent au basket avec un ballon de foot. J'ai envie de me détendre :

— Mouad, tu me fais une passe ?

Mouad se tourne vers moi, hésite, puis me lance le ballon à la main. Je le récupère et le lui renvoie au pied. J'espère briser la glace, créer un lien entre nous. Ça marche. Cette fois, il me le renvoie du pied et nous échangeons trois passes quand un hurlement me fait sursauter :

— MOU-AD !

Une collègue, cheveux au vent et écume aux lèvres, explose :

— Mais ça fait combien de temps que t'es dans l'école ? Réponds à ma question ! Hein ! T'es ici depuis combien d'années ? MOU-AD ! Cinq ans ! Ça doit bien faire cinq ans et tu ne connais toujours pas les règles ? Mais je rêve, MOUAD !

L'enseignante lui tombe dessus sans sommation ni ménagement. J'hallucine. Les bras m'en tombent. Je suis muette d'effroi devant une telle colère. Elle aboie à nouveau :

— Pas de ballon au pied ! MOU-AD ! Il faut te le répéter combien de fois ?

Mouad, souriant et aimable deux secondes plus tôt se rétracte comme une huitre. Il se tend, prêt à mordre en retour. J'assiste à la scène, effarée. C'est de ma faute si on jouait au pied, elle a bien dû le voir que c'est avec moi qu'il jouait ! Je tente un sourire et essaie de l'apaiser :

— C'est de ma faute. Je suis désolée, c'est
moi qui lui ai demandé de me faire une
passe. Mouad n'y est pour rien.

J'aimerais pouvoir la calmer. Mais il n'y a rien à faire, elle humilie Mouad.

— Non, il connaît très bien les règles !
Mouad, tu connais les règles. Donne-moi ce
ballon. Dépêche-toi. Plus vite que ça !
— Vraiment, c'est de ma faute, c'est que
je joue au foot et une maîtresse qui joue au
foot, c'est rare…

Elle m'interrompt et marmonne :

— Non, tu n'es pas la seule à jouer au foot.
— Mais…

Rien à faire. Elle confisque le ballon et me laisse en plan.

Mouad est retourné vers ses copains. Le regard noir. L'injustice coincée entre ses dents serrées.

Je suis outrée que l'on puisse s'adresser à quelqu'un comme elle l'a fait. Je m'approche de Mouad pour m'excuser.

— Mouad, je te demande pardon,
c'est de ma faute si on a joué au pied.
Je ne connaissais pas la règle, je suis désolée
que la maîtresse t'ait parlé sur ce ton.

Mouad, lui, n'est pas surpris :

— Ça fait rien, je suis habitué, elle parle
toujours comme ça.
— En criant tu veux dire ?
— C'est pas grave je vous dis, je suis
habitué.
— Écoute, moi je veux que tu saches que
je ne trouve pas ça normal. Je détesterais
qu'on me parle comme ça. Et je suis
vraiment désolée pour le foot.
— Merci.

Cheyenne, qui a assisté à la scène, intervient.

— Elles parlent toutes comme ça, vous c'est pas pareil.

En effet. Je le constate à nouveau un peu plus tard quand sa classe se range à côté de la mienne. Elle interpelle mes élèves :

— Eh ! T'as pas honte de sucer ton pouce à ton âge ?
— Oh ! Rayane ! Tu fais quoi là ? Tu te mets en rang et plus vite que ça !
— J'ai dit silence ! SI-LENCE ! SILEEEEENCE ! Vous êtes sourds ?
— Henry, tu te crois où avec ta capuche ? Vous me fa-ti-guez.

Elle me fait un clin d'œil, sous-entendu : « T'inquiète, je sais qu'ils en profitent parce que tu es une remplaçante, mais faut pas se laisser faire. »

J'ai mal. J'ai mal pour les profs qui subissent et qui ne supportent plus leurs élèves. Je quitte cette école, malheureuse que nous ne soyons pas formés à la communication, désolée pour ses élèves et surtout pour cette collègue. Comment aurait-elle pu faire autrement ? Qui lui a appris à s'adresser aux enfants ? À se faire obéir et respecter autrement qu'en criant ? Comment se réinventer quand on est à bout de fatigue et que l'on ne nous a pas enseigné d'autre manière de faire ?

De l'extérieur, certaines tensions m'ont sauté aux yeux. Il aurait suffi de pas grand-chose pour inverser l'ambiance, rétablir l'entente entre elle et ses élèves, et balayer le mauvais état d'esprit. J'ai fait partie des profs dépassés, à bout de nerfs, impatients d'être en vacances, je ne juge aucunement cette collègue et je me dis qu'elle devait beaucoup souffrir de la situation. Je sais bien que lorsque l'on crie, on ne le fait pas de gaieté de cœur. Ce n'est pas satisfaisant, et cela a un impact sur notre humeur. Mais la peur d'être chahutée, de ne pas réussir à cadrer les élèves perturbateurs, la fatigue accumulée, tout cela nous pousse dans nos retranchements et la personne que nous redoutons être prend le dessus. Nous élevons la voix, nous menaçons, nous punissons afin de ne pas perdre le combat. Afin de tenir bon un jour de plus. Imaginez aller travailler avec enthousiasme, détendue et sereine. Retrouver une ambiance de classe apaisée, des élèves qui écoutent, coopèrent, ont le sourire et travaillent en autonomie. Représentez-vous des résultats palpables sur l'humeur de tout le monde.

J'ai appris à kiffer l'école.

Au travers de mes vidéos, et aujourd'hui de cet ouvrage, je mets en lumière ce qui fonctionne dans ma classe et auprès des enfants en général pour créer un environnement propice au travail et au bien-être. Je propose de se pencher sur des postures enseignantes, une organisation spatiale de la classe ; une manière de s'exprimer, d'écouter, des modes de communication que j'ai glanés ici et là auprès de collègues, de pédagogues, de psychologues et de scientifiques. Mais aussi des observations faites tout au long de mon parcours d'enfant, puis d'adulte en charge d'enfants : baby-sitter, tante, maman, prof...

J'ai travaillé pour être plus sereine et entourée d'enfants sereins, quels que soient leur personnalité et leur profil. Je ne cesse de me renouveler et apprécie jour après jour d'être avec mes élèves, d'obtenir des résultats, de voir leur plaisir d'apprendre et le soulagement des parents.

J'aime étudier les interactions entre les gens, décoder les émotions qui les parcourent, réfléchir à la meilleure manière de communiquer pour faire passer un message, écouter attentivement ce que l'on me dit pour être certaine d'avoir compris.

L'élève que j'étais prenait déjà probablement des notes mentales sur ce que j'appréciais chez un prof et moins chez un autre. Leur manière de s'adresser à nous, l'émotion qui émanait, selon moi, de leur cours. Ennui ou entrain, sensation d'être archi nulle et de ne rien comprendre, ou au contraire, maligne comme un singe.

J'étais aussi fascinée par les habitudes et les coutumes dans les familles de mes copines. Ana, qui était savonnée au gant par sa mère de la tête aux pieds alors que nous avions sept ans et que je me lavais toute seule depuis longtemps. Marie-Catherine, à l'appartement plongé dans la pénombre, et dont les parents parlaient si bas que je n'entendais pas leurs questions mais n'osais pas les faire répéter. Celles qui avaient le droit de « tout faire », y compris sauter sur les canapés et manger devant la télé, et ceux chez qui on se déchaussait et on aidait à mettre le couvert sans broncher. Je m'adaptais avec plaisir aux différents environnements, relevant les manières de faire qui me mettaient à l'aise ou non, qui me séduisaient ou qui me dérangeaient.

Lorsque vous interrogez les enseignants sur les difficultés du métier, sur ce qui leur paraît insurmontable, ce sont bien ces questions de gestion de classe, d'autorité, de chahut et de violence qu'ils évoquent. Comment faire avec un élève qui refuse de travailler, qui fait son intéressant, dérange les autres, nous empêche de faire classe ? Comment fait-on quand les élèves se disputent, sont agressifs verbalement, décrochent, se rebellent ou ne semblent pas nous écouter ?

Les cours dispensés en formation tournent autour de la didactique, beaucoup moins de la pédagogie. Or, il me semble primordial de comprendre les enfants, d'apprendre à s'adresser à eux pour qu'ils nous écoutent, pour qu'ils coopèrent. Il est temps de se focaliser non plus sur « quoi enseigner », mais sur « comment enseigner », afin d'obtenir des élèves qu'ils s'intéressent, s'investissent et travaillent en autonomie dans un climat de classe apaisé.

Pour aimer son travail, enseigner sereinement ou retrouver le plaisir d'enseigner, il faut apprendre à gérer un groupe, notamment les élèves dits « difficiles », et l'hétérogénéité des niveaux scolaires.

Il n'est pas évident d'asseoir son autorité, de résoudre les conflits entre élèves, d'obtenir une classe tranquillisée et des élèves attentifs. Et pourtant, lorsque l'on se penche sur la question, on découvre vite les écueils à éviter, les mauvaises habitudes verbales, les gestes contre-productifs que l'on reproduit faute de savoir comment faire autrement. Et évidemment, il faut absolument se pencher sur ce qui intéresse vraiment les enfants. Sur ce qui les motive et les attire, afin de les embarquer avec nous vers cette joyeuse quête d'autonomie et d'apprentissage. L'école se doit d'être un lieu d'épanouissement.

Je vous propose au fil de ce livre d'aborder plusieurs sujets clés qui donnent du fil à retordre à bien des PE (professeur des écoles). Des idées, remarques et astuces qui fonctionnent pour moi et qui m'ont permis de me sentir parfaitement à l'aise dans ma classe. Afin que nous puissions tous, profs et élèves, kiffer l'école.

1.
L’importance de soi

MODIFIER SES PROPRES ATTITUDES

J'entends souvent les adultes râler. Ils se plaignent que les enfants d'aujourd'hui sont pénibles, se croient tout permis et ne respectent rien. Tout ceci fait violence et s'ajoute à la violence physique. « Ils sont violents, n'écoutent pas les adultes, se fichent de tout, mettent un bazar pas possible. Ils ne savent pas s'exprimer. Avant, c'était mieux. Nos élèves sont de plus en plus difficiles, je ne te parle même pas de leurs parents. Il faudrait qu'ils soient mieux éduqués, personne ne leur a appris la politesse », etc.

Nos élèves sont malpolis, turbulents et inattentifs ? C'est que vous pensez ? Eh bien j'ai une bonne et une mauvaise nouvelle pour vous. La mauvaise ? Vous ne pourrez pas les changer. Il n'y a pas de formule magique pour qu'ils deviennent sages, attentifs et coopérants. Ce n'est pas facile à accepter, mais le fait est que l'on n'a aucun pouvoir sur les autres. On ne change pas les gens. Ce n'est pas possible.

La bonne nouvelle ? Cela veut dire que la seule personne sur qui vous avez du pouvoir, c'est vous-même. Et si je décidais de modifier mes habitudes, ma manière de parler, etc. ? Peut-être que mes élèves adopteront à leur tour un comportement différent ? Chic ! Il y a de l'espoir !

Je ne cherche à pas à modeler mon élève ; je modifie mon approche, ce qui va influer sur sa réaction. Magique.

« CAS D'ÉCOLE »

Mélissa ne me salue jamais le matin. Je m'accroupis à sa hauteur, la reçois avec le sourire, je lui dis bonjour. Rien à faire, elle détourne la tête et m'ignore. Sys-té-ma-ti-quement. Sa maman la reprend, je la reprends. Nous lui faisons la morale. D'autant plus que quelques minutes plus tard, on ne l'arrêtera plus de parler. Une vraie pipelette. Pour un peu, je la taguerais d'être malpolie. Si j'avais une baguette magique, je la transformerais en petite fille aimable et avenante. Mais voilà : on ne change pas les gens.

Le lendemain, je modifie donc mon approche. Lorsque Mélissa et sa maman entrent en classe, je salue la maman, « Bonjour madame », et m'adresse non plus à Mélissa, mais à son doudou : « Bonjour, monsieur Pingouin. »

Mélissa, pour la première fois de l'année, lève les yeux vers moi, un léger sourire en coin.

> — C'est pas un pingouin, c'est un manchot, corrige-t-elle.
> — Toutes mes excuses ; bonjour, monsieur Manchot.

Elle ne m'a toujours pas saluée, mais son attitude est tout à fait différente de celle de la veille. Ce que je prenais pour du défi n'était en réalité que de l'introversion. Le matin, ce n'est pas facile de quitter ses parents et le confort de chez soi. En m'adressant à son doudou, je lui laisse un petit sas de sécurité. Entrer en classe demande un sacré effort. Le simple fait de passer la porte, pour certains, est stressant. Cela ne veut pas dire que l'école est une souffrance, mais ce premier pas n'est pas évident. Qui plus est, il faut avoir le sourire et répondre à la maîtresse ; pour Mélissa, c'est trop. Je me sers de Monsieur Manchot comme objet de transition. Mélissa n'est pas soudainement devenue polie, elle vit tout simplement mieux la situation. Elle est probablement soulagée de ne pas se sentir obligée de répondre.

« AUTRE CAS D'ÉCOLE »

Mounir et Thierno adorent peindre. Dès que le coin peinture est accessible, ils attrapent une blouse et font la queue. Le problème, c'est qu'ils sont si enthousiastes et excités qu'ils renversent systématiquement leurs pots. Ça dégouline, ils pataugent dedans, il y en a partout. J'aimerais qu'ils soient moins maladroits. Et ce n'est pas faute de leur répéter :

> — Les garçons, faites plus attention. Si vous renversez encore vos pots, c'est fini la peinture. Je ne vais pas passer ma journée à nettoyer derrière vous.

En réalité, mes élèves ne sont pas maladroits : ils sont jeunes, inexpérimentés, un peu gauches, oui. Si je veux que la classe soit propre, j'ai plutôt intérêt à modifier mon approche, et surtout pas à leur coller une étiquette. Pour obtenir un changement dans leur comportement, c'est moi qui vais faire un effort.

> — Les garçons, voici une éponge et un torchon humide. S'il y a de la peinture au sol, je compte sur vous pour la nettoyer.

En offrant l'opportunité aux élèves de devenir plus autonomes, j'obtiendrai ce qui me tient à cœur. À savoir des élèves heureux d'aider et une classe entretenue. En leur reprochant d'être des souillons, je ne règle absolument rien et me condamne à nettoyer tout toute seule en râlant. Les enfants ne demandent qu'à aider et à faire par eux-mêmes. Il serait dommage de se priver de leur enthousiasme et d'éteindre cette flamme en les sermonnant.

PETITS CHANGEMENTS D'ATTITUDES, GRAND IMPACT

Attention, je ne dis pas que cela ne va pas à cause de vous. Je dis que vous avez le pouvoir de modifier votre approche des problèmes. Et ce, quels qu'ils soient. Lorsque, jour après jour, une problématique se répète et qu'on la traite systématiquement de la même manière, on obtiendra invariablement le même résultat. Mon attitude à moi ne va pas changer la personne en face, mais mon comportement pourra faire que son comportement évolue. Si je répète dix fois la même chose et que j'ai l'impression de parler dans le vide, c'est que je ne l'ai pas dit une seule fois de la bonne manière. Mettre en place de petits changements aura un grand impact.

Tu le fais exprès ? Si tu continues, tu vas être puni, j'en ai assez de ramasser tes bêtises !

En modifiant notre approche des situations, nous obtenons des résultats différents. Les enfants se responsabilisent et gagnent en autonomie lorsque nous leur offrons la possibilité d'agir sur les conséquences de leur comportement, sans leur faire de reproche.

À retenir

Modifier sa manière de faire pour faire évoluer le comportement des autres

Si j'accepte de me remettre en question, je vais pouvoir changer ma manière de faire. Parce que si l'on ne peut pas demander à quelqu'un d'être comme ci ou comme ça, on peut tout à fait, en revanche, changer ses propres habitudes et observer les changements de comportement que cela va induire chez l'autre.

Nos actes comptent. Qu'ils soient conscients ou inconscients, d'où l'importance de nos décisions. J'ai du pouvoir non pas sur ce que fait l'autre, mais sur la manière dont je vais y réagir. Ma responsabilité, c'est ma réaction, c'est comment je vais prendre les choses et quels seront mes actes face à une situation qui me dépasse.

En faisant preuve de lucidité et de discernement, d'adaptabilité et de travail, nous allons apprendre de nos erreurs. Nous avons tous et toutes le potentiel pour prendre les bonnes décisions.

NE PAS PRENDRE LES CHOSES PERSONNELLEMENT

Je pars du principe que si un élève a un comportement de défi, ce n'est pas contre moi. D'ailleurs, on se faciliterait grandement la vie et on apaiserait nos interactions humaines si on arrêtait de prendre les choses personnellement.

« CAS D'ÉCOLE »

Je fais la queue pour aller aux toilettes dans un lieu public. C'est bientôt mon tour, lorsqu'une dame s'avance d'un pas décidé, coupe la file et tente d'ouvrir une de deux portes devant lesquelles je patiente. Je lui fais remarquer que je fais la queue (sous-entendu : tous les WC sont occupés). Elle se retourne et m'agresse verbalement :

> — J'ai bien le droit, vous voulez voir ma carte ? C'est pas parce que j'ai un handicap invisible que je n'ai pas le droit de passer devant tout le monde.

J'entends. Effectivement, je ne me suis pas doutée que cette dame avait une bonne raison de passer en premier. Je pourrais le prendre personnellement et lui faire remarquer que ce n'est pas une raison pour me crier dessus et qu'un mot de sa part aurait évité le malentendu. Non mais, pour qui elle se prend de me parler sur ce ton ?

Mais je ne le prends pas personnellement. Je me dis qu'elle a ses raisons d'être en colère. Que ce n'est pas contre moi. Elle a peut-être un long historique de sentiment d'injustice. Qu'en sais-je ? D'ailleurs, en prenant ce petit temps, je m'aperçois que je ne suis pas du tout affectée par sa mauvaise humeur. Cela me permet même de me mettre à sa place.

> — Je vous en prie, passez devant. Je voulais juste vous faire remarquer que les deux toilettes sont occupées.

J'ai gardé mon calme. En observant son humeur, je me suis protégée de son agressivité. Je me dis que sa réaction n'a rien à voir avec moi. Je ne suis pas sa cible. Elle a ses problèmes, et ce sont eux qui la rendent agressive, pas moi.

Avec les élèves, c'est pareil. Lorsqu'ils sont grossiers, agressifs, récalcitrants, ce n'est pas contre nous qu'ils le sont. On a tendance à penser que les élèves « difficiles » le font exprès pour nous rendre chèvres, qu'ils veulent notre peau... Or, nous ne sommes pas responsables de comment ils se sentent. Mais ce qui est certain, c'est que lorsqu'ils ne se sentent pas bien, ils vont trouver mille moyens de nous le faire sentir. La meilleure façon de se protéger de leur humeur, c'est de garder de la distance. Ce n'est pas contre vous, ni à cause de vous. Ils ont des besoins qui ne sont pas nourris, voilà tout.

Vous avez remarqué comme certains enfants sont prêts à tout pour se faire remarquer ? Quitte à enfreindre les règles, désobéir, soutenir un regard.

— Descends du radiateur Alix s'il te plaît.
— René, je te rappelle qu'on ne jette pas les jouets par la fenêtre.
— Damien, lâche les cheveux de Manille, ça lui fait mal.
— Gabby, on dessine sur sa feuille à soi, pas sur la table, ni sur le dessin du voisin.

Est-ce qu'ils cherchent à me rendre folle ? Je peux faire le choix de les cataloguer, arrogants, méchants, violents, impatients, perturbateurs, etc. Ou je peux faire le choix de les considérer comme apprenants. Ce sont des enfants qu'il va falloir accompagner pour les aider à gérer leur frustration, à calmer leur impétuosité, à apprivoiser leurs émotions et à s'intégrer parmi les autres.

C'est très différent. Car si on ne peut pas changer les personnes, si on n'a pas le pouvoir de faire obéir un enfant (vous allez me dire, si, par les menaces et la contrainte, ils peuvent obtempérer de peur des représailles, mais est-ce que c'est cela que l'on recherche ? L'ordre par la menace et le respect par la peur ?), on a la totale liberté d'adapter ses propres mots et comportements, et de commencer par décider de ne pas prendre les choses personnellement.

S'OCCUPER DE SOI

Être instit' est un métier exigeant et, on oublie souvent de le mentionner, physique. Se tenir debout devant un auditoire, parler toute la journée, gérer un groupe sans relâche dans le bruit, cela demande beaucoup d'énergie. Ajoutez à cela des élèves d'âge maternel, et vous voilà embarquée pour je ne sais combien de génuflexions, charges à soulever, rondes endiablées, parcours de gym à installer, déplacements, etc.

Nous donnons de notre personne sans relâche dès 8h20 et ce, jusqu'à ce que notre dernier élève ne soit plus sous notre surveillance. Cela demande une vigilance non-stop ! Contrairement à d'autres métiers pour lesquels on peut se reposer sur des collaborateurs, des ordinateurs, faire des pauses, aller prendre un café ou checker ses textos, nous sommes en permanence mobilisés à 100 %. De plus, nous sommes notre propre moteur. Pas de passage au stand possible, ni de roue de secours dans le coffre. Si je défaille, il n'y a personne pour me remplacer, nulle part où me ressourcer.

Quand ma vie est équilibrée et que je suis en forme, j'ai les ressources pour affronter ma journée. Je peux m'adapter à toutes les situations et prendre du plaisir à être parmi les enfants. Mais quand je suis frustrée, contrariée, fatiguée, la tête ailleurs, ça ne va pas marcher. Nous l'avons toutes constaté : comme les journées sont longues quand nous ne sommes pas en état !

Manger comme il faut, faire de l'exercice c'est une bonne base, car nous sommes notre propre outil de travail. Se bichonner ? Encore mieux. Je préfère ne rien avoir préparé pour le lendemain mais arriver en classe en forme et de bonne humeur, plutôt que d'avoir travaillé sur une séance jusqu'à minuit, d'être fatiguée et frustrée de n'avoir rien fait d'autre du week-end.

J'ai besoin d'être en forme pour être disponible. Mais quand je dis qu'il faut s'occuper de soi, je ne parle pas de conseil de nutrition. Je parle de cultiver notre enthousiasme, je parle de notre vie en dehors de l'école. Celle que j'ai maintes fois oubliée à mes dépends.

Faire classe quand je me sens éreintée, déprimée ou démotivée, cela relève des travaux d'Hercule. On y arrive, mais à quel prix ? Quelle instit' ne s'est pas écroulée dès le premier jour des vacances ? Angine, fièvre, toux... On tient, on tire sur la corde et quand on relâche enfin, on craque. Il faut prendre soin de soi, c'est vital. La recherche nous a appris que les hormones du bonheur avaient un impact puissant sur notre qualité de vie, notre santé et notre moral. Alors cultivons-les ! Elles sont quatre. La dopamine, l'ocytocine, la sérotonine et l'endorphine. Notre cerveau les produit et nous offre des shoots de plaisir ou de bonheur que l'on peut se procurer gratuitement et avec trois fois rien !

Hormones du bonheur

Dopamine. Hormone de la motivation et de la récompense : célébrer ses petites et grandes réussites quotidiennes, écouter de la musique, dormir une longue nuit, faire du sport, se concentrer et méditer, se tricoter un pull au crochet.

Ocytocine. Hormone de l'attachement, des liens sociaux de la confiance et de l'affection : se confier à une autre personne, rendre service à quelqu'un offrir un cadeau, sourire à un inconnu, prendre quelqu'un dans ses bras, pleurer un bon coup, se pelotonner près du radiateur, se faire masser, donner et recevoir de la tendresse.

Sérotonine. Hormone de la reconnaissance et du respect social : se sentir valorisée, appréciée, faire du sport, exprimer la gratitude, profiter de la nature, manger du chocolat, remarquer l'influence positive que l'on a sur les autres.

Endorphine. Hormone de la relaxation : écouter de la musique, rire, chanter, danser, faire des loisirs créatifs, prendre un bon goûter, faire du sport, passer du temps avec des gens qu'on apprécie.

En ce qui me concerne, cultiver le bonheur, c'est passer du temps de qualité avec ses personnes que j'apprécie, faire du sport et créer. Pour d'autres, ce sera mettre de la musique et danser dans la cuisine, pâtisser, tricoter, passer un coup de fil, marcher, s'isoler, que sais-je encore ? En dépensant de l'énergie à faire des choses qui nous stimulent, on gagne en énergie. Nous avons besoin de ces shoots d'hormones.

Oui mais, voir des gens que l'on apprécie, faire ce que l'on aime, s'adonner à ses passions extérieures, parfois, on n'a pas l'énergie pour. C'est au-delà de nos forces. Je n'ai pas le temps, je suis trop fatiguée. Les soucis accumulés, l'anxiété, le stress nous freinent, nous empêchent même d'imaginer que, pour nous, ces petits bonheurs pourraient avoir un impact. Peut-être même que certaines d'entre vous, à la lecture de ce chapitre, se disent : « Elle est bien mignonne, mais si elle avait ma vie, elle verrait que ce n'est pas si simple. J'aimerais bien l'y voir ! »

Si c'est votre cas – ça a été le mien –, regardons le problème en face. Quand on pense « je n'y arrive pas, je ne vais pas m'en sortir », eh bien on a raison. C'est la vérité, vous ne vous en sortirez pas seule. C'est le moment d'aller chercher de l'aide. Il n'y a pas de honte à avoir besoin d'assistance. Quand la colère, la frustration, la démotivation nous envahissent, il est sain de s'y attaquer. Notre santé mentale et notre survie au travail en dépendent. Il faut prendre rendez-vous chez un psy[1]. Si ce n'est pas pour nous (car parfois on ne se sent pas légitime pour le faire), faisons-le pour nos élèves et pour notre entourage. La première étape pour aller mieux, c'est de reconnaître que ça ne va pas. Je suis déprimée. Je n'ai pas le moral. J'ai peur pour l'avenir. Je ne me sens pas à la hauteur. Le dire à voix haute, l'écrire, le partager, c'est le premier petit pas vers un mieux-être.

Deuxième étape : faire une petite action, même infime, pour inverser la tendance. Consulter Internet pour repérer un médecin ou un psy près de chez soi. Envoyer un texto à quelqu'un de confiance en demandant : « on peut se parler ? » Déposer son fardeau auprès de quelqu'un. Si personne dans votre entourage ne peut jouer ce rôle, tournez-vous vers un professionnel. Et pourquoi pas la psychologue scolaire ? Levons le tabou autour de la santé mentale et faisons-nous aider.

1. Votre médecin traitant peut vous faire une ordonnance : jusqu'à 8 séances de suivi avec un psychologue partenaire seront remboursées par l'Assurance maladie. Vous pouvez trouver les coordonnées des psychologues partenaires dans l'annuaire accessible sur le site « monparcourspsy.sante.gouv.fr ».

Pour aimer faire ce métier, c'est important de s'aimer soi-même. De mettre son bien-être en priorité. Je préfère pour mes enfants une maîtresse reposée et joyeuse qui n'aura pas préparé sa journée, qu'une maîtresse épuisée qui aura travaillé toute la nuit. Nos élèves sont des éponges émotionnelles, ils remarquent tout.

— Maîtresse, tu as des nouvelles boucles d'oreilles.
— Maîtresse, tu es triste ?

Ils perçoivent notre humeur dans nos gestes et nos intonations. Offrons-leur la meilleure version de nous-même, prenons soin de notre apparence, affichons le sourire. Montrons-leur l'exemple.

Si vous craquez, prenez du temps pour vous. Occupez-vous de vous en premier, avant même de penser à la classe. L'urgence, c'est vous, votre bien-être et votre énergie. Et ne culpabilisez surtout pas à l'idée que vous avez plein de trucs à faire. Tout peut attendre. Et tout paraîtra plus facile quand vous aurez rechargé vos batteries. Soyez en forme, faites la sieste, faites-vous plaisir. Écoutez-vous. Étirez-vous. Bâillez. Fermez ce livre et aller prendre l'air en chantant.

Et puis, faites-vous confiance !

LE DEVOIR D'ENTHOUSIASME

Il y a plus de dix ans, lorsque j'ai inscrit ma petite dernière à la crèche, j'ai été reçue dans le bureau de la directrice pour un entretien. Derrière elle, sur son tableau blanc, parmi un fouillis d'affiches, de photocopies et de Post-it, il était écrit en grosses lettres au feutre noir :

DEVOIR D'ENTHOUSIASME.

Je lui ai demandé à qui c'était adressé. Elle m'a répondu que c'était un pense-bête pour elle-même, pour qu'elle ne l'oublie pas. Mais aussi pour toutes ses collègues. J'ai trouvé le message très fort, et cela m'a tout de suite mise en confiance pour mon bébé. Cela fait une décennie que j'y pense et que cela me motive. Je suis entièrement d'accord avec elle. Je me dois de sourire aux enfants le matin, de les accueillir comme il faut, de m'adresser à eux avec une énergie positive, en les regardant droit dans les yeux, pour les embarquer dans cette incroyable aventure qu'est l'école. Transmettre, enseigner, cela ne peut pas se faire en faisant la tête. Piquer la curiosité des élèves, les embarquer dans le travail, les faire progresser, c'est joyeux. Cela demande beaucoup d'énergie, mais on leur doit bien ça à nos élèves, eux qui en prennent pour je ne sais combien d'années de scolarité.

D'accord Émilie. Sur le papier, tout le monde acquiesce. Mais dans les faits, si on en a marre et qu'on n'en peut plus, on fait comment ? Quand l'enthousiasme n'est plus là... Un : on garde espoir, il ne faut pas grand-chose pour le retrouver. Deux : on avance dans la lecture de ce guide, et on opère de menus changements qui auront à terme un grand impact. Promis !

2.
La cape d'enseignant(e)

L'AUTORITÉ NATURELLE DE L'ENSEIGNANT(E)

« CAS D'ÉCOLE »

Ma fille et moi sommes au supermarché, au rayon des fournitures scolaires. Liste en main, nous faisons les fameuses courses pour la rentrée des classes. J'ose proposer l'achat d'un Bic quatre couleurs plutôt que des stylos-billes de couleurs distinctes. Sa vive réaction me fait encore sourire.

> — Mais non Maman ! C'est interdit ! La maîtresse elle a dit « pas de Bic quatre couleurs » !

La maîtresse a dit. Aucun de mes arguments ne pourrait contrer ces quelques mots. Si la maîtresse a dit, alors on n'a pas d'autre choix que de lui obéir. Quel pouvoir ! Ma fille ne connaît pas encore cette personne, mais le fait que ce soit SA maîtresse lui confère une latitude extraordinaire, une autorité tout acquise, qui d'emblée surpasse la mienne. Pourtant, en tant qu'instit', ce n'est pas forcément évident, surtout en début de carrière, d'endosser ce rôle.

Selon mes croyances, la maîtresse se doit d'être juste, ferme, structurée et structurante. Avoir de l'autorité sans être autoritaire, être sympa mais pas trop. Éventuellement drôle, mais toujours raisonnable. Pédagogue, mais pas démago. Sérieuse mais pas trop stricte. Se faire respecter et être souple. Quel casse-tête !

Il y a même des chercheurs qui se sont intéressés à cette question de « postures enseignantes ». [2] Porter la cape d'enseignant, c'est réussir à captiver ses élèves avec une posture dite « du magicien », que l'on alterne avec des postures de contrôle, d'enseignement et de lâcher-prise... Pas simple.

....

2. https://eduscol.education.fr/document/16219/download « Les postures enseignantes », Dominique Bucheton, professeure honoraire des universités.

JOUER LE RÔLE DE L'ORATEUR(-TRICE) OU DE LA STAR

Pas simple de se faire entendre, encore moins d'être écoutée, de gérer les comportements de défi de certains élèves et de mettre tout le monde au travail. Parfois, les situations de classe nous dépassent même totalement. C'est le chaos. Alors que je débutais et que je n'arrivais pas à trouver ma voix, un merveilleux conseil m'a été donné :

"Fake it till you make it."

« Fais semblant jusqu'à ce que tu y arrives. »

Ça parait fou comme conseil. Presque une plaisanterie. Mais ça marche. J'ai perdu l'attention du groupe ? Même quand je crie, personne ne m'écoute ? Je ne me sens pas capable de hausser le ton ou de me faire respecter ? Qu'à cela ne tienne, je vais faire semblant d'avoir de l'autorité.

Cela fonctionne aussi au karaoké ou pour faire un discours à un mariage. Je n'ose pas ? Je ne sais pas faire ? J'ai peur d'être ridicule ? Il me reste à jouer la comédie. J'empoigne le micro à pleines mains, je regarde mon auditoire dans les yeux, je me lance ! Je joue le rôle du grand orateur ou de la star !

Les élèves sont de merveilleux spectateurs, vous êtes sur scène. Ils n'ont qu'une seule envie : s'amuser et voir un spectacle.

— Je demande le silence.
— Dans trois secondes, tout le monde est assis !
— Elia ? Nous t'attendons. Merci.

Il suffit de pas grand-chose, d'une accentuation en fin de phrase, d'un ton interrogatif, d'une modulation de la voix, pour créer la surprise et gagner l'attention de son auditoire. L'important est de parler distinctement et suffisamment fort. Bien articuler, utiliser un langage poli et assez soutenu (la familiarité ne fait pas bon ménage avec l'autorité), redresser le dos, épaules en arrière[3], se tourner vers la personne ou le groupe à qui l'on s'adresse, et le ou la regarder droit dans les yeux.

3. Une professeure de danse au conservatoire rappelait à mes élèves de « montrer leur médaillon » lorsqu'ils étaient voûtés. Imaginez que vous portez autour du cou une chaîne dont le médaillon en pendentif repose sur votre poitrine. Maintenant, rejetez les épaules en arrière, et relevez le menton pour l'exposer avec fierté à la vue de tous. Voilà, votre langage corporel vient de changer du tout au tout. Si lorsque vous vous adressez à votre classe, vous montrez votre médaillon, vous gagnez instantanément en assurance et en crédibilité.

« CAS D'ÉCOLE »

Ludmilla, pour la seconde fois en deux minutes, lance une briquette de Lego sur son camarade Jordy. Il en a assez et s'apprête à riposter. J'interviens.

— Vous vous arrêtez tout de suite. Je ne veux voir aucun jeu voler à travers la classe.

Ludmilla pouffe. Elle ne me prend pas au sérieux.

— Les Lego ça vole pas, ose-t-elle répondre en regardant son copain.

Jordy rit à son tour. « Oh là là ! Elle a bien cassé la maîtresse », doit-il se dire.

Si je sens que je perds mon autorité, là encore, je peux jouer la comédie. Ah oui, ils se moquent de moi ? Eh bien voyons-voir comment ils vont réagir face à une maîtresse dragon. Il ne s'agit en aucun cas de leur crier dessus ou de leur faire peur, encore moins de les menacer. Il s'agit de prétendre être fâchée. Je vais mentir pour m'en sortir. Je vais jouer la comédie et prendre du recul par rapport à la situation. Au lieu d'être dans les émotions pures qui vont me faire perdre mon autorité, je ne me laisse pas toucher par l'attitude de Ludmilla. Elle a n'a que six ans et apprend à se comporter en société. C'est l'occasion rêvée de lui enseigner quelque chose. En l'occurrence, comment se tenir en classe, et ce qu'il est permis ou non de dire à une maîtresse. Je choisis donc de moduler ma voix et de jouer la comédie. À travers mon ton, je veux qu'elle entende que je n'en crois pas mes oreilles, même si au fond de moi, j'ai un petit peu envie de sourire.

– Ludmilla, tu vas ramasser les Lego que tu as jetés par terre, et je ne veux plus jamais, tu entends, JAMAIS, voir des enfants jeter des objets. Dans cette classe, on se respecte et on reste poli les uns envers les autres.

(Articulation impeccable, yeux écarquillés plantés dans les siens, mains sur les hanches s'il le faut.) Le moment est surjoué, soit. Elle le sait probablement elle-même. J'en fais des tonnes pour marquer le coup. Je ne suis ni dans l'émotion ni dans l'affect. Je pose un cadre. La maîtresse dragon a parlé.

Si j'avais répondu quelque chose du genre :

— Mais, heu, tu te moques de moi ?!
Voler à travers la pièce c'est une expression.
Tu arrêtes hein. Ça fait deux fois que je te
le dis. Je te préviens, si tu recommences…

Bref, si j'avais réagi à chaud comme une personne agacée et non en tant que maîtresse qui porte sa cape d'enseignante, la surenchère aurait été inévitable. Parce qu'une maîtresse qui perd pied, c'est rigolo. Ou du moins, ça fait bizarre. Ça donnerait presque envie de jeter un nouveau Lego, juste pour voir comment elle réagit quand elle est vraiment à bout.

« CAS D'ÉCOLE »

Si, à un moment donné, je n'arrive pas à m'en sortir parce que c'est trop de chahut et que je perds pied, j'endosse ma cape d'invincibilité, de personne détentrice de l'autorité, et je joue la comédie de la « méchante ».

Je peux même les prévenir :

— Je vais me fâcher tout rouge !

Les enfants sont sensibles à l'humour qu'il y a derrière cette tournure. C'est un peu grotesque de se fâcher tout rouge. Et puis, ce qui est rassurant pour eux, c'est que je parle de moi et de mes limites. Je ne suis pas en train de leur dire qu'ils sont insupportables ou que j'ai envie de les punir. J'exprime le fait que la situation risque de me mettre en colère. C'est très différent.

— Est-ce que vous avez envie de voir la maîtresse quand elle est vraiment fâchée ? Non ? Alors je vous conseille de descendre tout de suite du radiateur !

Ou encore :

— Non mais dites-donc, vous pensez que c'est possible ça ? Les dessins se font sur les feuilles, pas sur les tables.

Dans chacun de ces deux exemples, je ne montre pas une maîtresse affectée ni à bout (« j'en peux plus », « vous me rendez chèvre », « mais qu'est-ce que vous faites enfin, vous n'écoutez rien, je l'ai déjà dit mille fois... »), mais je rappelle la règle et formule ce qui est attendu.

PASSER SUR LE MODE DU JEU ET FAIRE RIRE

Les enfants sont très réceptifs au jeu. Après avoir créé la surprise en invoquant le dragon, je peux les faire rire dans la foulée.

— Regardez, mes joues qui se gonflent !
À trois, je vais cracher du feu !

Il se peut que ce genre d'attitude les excite, leur donne envie de rire et de crier. Comme au guignol. Je le sais bien, je vais en jouer. Je leur offre un petit moment de relâche avant de les reprendre en main juste après. Quand la tension retombe, je reformule ma demande ou répète la règle, à voix basse cette fois-ci.

Je ne perds pas mes moyens, je garde de la distance avec ce qui se passe autour de moi. Faire semblant d'être autoritaire, c'est parfois ce qui nous sauve quand on perd son autorité. Dans tous les cas, pour que cela fonctionne, il ne faut pas porter de jugement sur les enfants. Je n'utilise jamais des mots tels que : tu es méchant, tu n'es pas gentil... Un comportement peut être agressif, une phrase ou un coup être violent. Mais dire « tu es agressif ou violent » est un jugement porté sur l'enfant, et l'effet sera tout autre.

Si un adulte me dit « Émilie, t'es vilaine de lancer des jouets », cela me blessera beaucoup plus que « Émilie, lancer les jouets c'est interdit ». Dans un cas, c'est ma valeur en tant que personne qui est atteinte, dans l'autre, on m'indique un comportement à adopter.

Pour ma part, dans le premier cas, me sentant agressée, j'aurai envie de tirer la langue à la personne qui me juge, et je penserai : « Cause toujours. » Dans le second, n'étant pas sur la défensive, je pourrai envisager de modifier mon comportement.

Porter sa cape
d'enseignante permet
de dédramatiser et
de mettre de la distance
entre ses émotions et
ce qui se passe en classe.
Je l'enfile en entrant
dans l'établissement.
C'est un habit certes
invisible, mais très puissant.
N'oublions pas qu'il
représente l'Éducation
nationale. Il va de pair
avec une mission très
noble, un rôle à tenir,
des valeurs à transmettre.

3 astuces pour gagner instantanément en assurance

1.

Remplacez les questions par des affirmations. « Vous pouvez faire moins de bruit ? » devient : « J'attends de vous le silence. » « Kadiatou, tu vas arrêter d'embêter Nadia ? » devient : « Kadiatou, Nadia a envie que tu la laisses tranquille. » Cela donne immédiatement le sentiment que vous maîtrisez la situation et que vous avez le contrôle, que c'est vous la cheffe.

2.

Ne pressez pas les mots dans votre bouche. Ra-len-tissez le débit. Quand on parle vite, cela donne l'impression que l'on est tendue, voire inquiète. Or, vous voulez paraître assurée. Détendez vos épaules, relevez le menton, articulez et parlez lentement.

3.

Cerise sur le gâteau de la confiance en soi : faites une mini-pause d'une demi-seconde avant le dernier mot de votre phrase. Essayez, là tout de suite, en prononçant à voix haute ce qui vous passe par la tête, et savourez l'effet obtenu. Le silence va créer un petit espace-temps suspendu qui va produire un suspense et donner de l'impact à l'ensemble de la phrase. « Dans trois secondes, je voudrais que tout le monde… (silence)… soit assis. »

POUR OBTENIR LE SILENCE, MONTRER L'EXEMPLE

Les enfants ne parlent pas, ils crient. C'est rude, éreintant. Voix stridentes, chaises qui raclent, hurlements, pots de feutres qui tombent... Au coin dînette, Léa prépare un « gâteau » dans un saladier en métal avec un fouet en plastique... Akiko chantonne en travaillant. Moussa apostrophe une camarade en criant : « Gemma ! Regarde ! Viens ! » Mes oreilles souffrent. Les tensions s'accumulent, le mal de tête pointe.

— Maîîîîîîtreeessssse ! JE PEUX ALLER FAIRE PIPI ? hurle Léon de l'autre bout de la classe.

Forçant ma voix pour couvrir celle des autres, je lui réponds en soupirant et un peu excédée :

— Oui, Léon… Vas-y… Mais tu n'as pas besoin de crier !

Quelle erreur ! Je fais exactement l'inverse de ce que j'attends de lui. Je suis restée à ma place pour répondre et j'ai haussé la voix pour me faire entendre.

Les enfants qui s'interpellent d'un bout à l'autre de la classe, ça m'agace, et pourtant, j'ai fait la même chose. Je n'ai pas montré l'exemple. Si je veux qu'il fasse trois pas pour ne s'adresser qu'à moi et à voix basse, je dois en faire de même. C'est parce que je vais le faire qu'il va prendre exemple sur moi. Et ainsi, par ricochet, les autres en feront autant.

Ma deuxième erreur a été d'exprimer mon agacement (par un soupir et un ton de lassitude) et d'attendre de lui qu'il découvre tout seul la manière de ne pas crier. Ce qui paraît aller de soi (se déplacer et parler à voix basse) ne l'est pas. Léon a compris que je n'étais pas très contente de sa demande (le ton de ma voix laissait supposer que j'étais irritée), mais je ne lui ai pas explicité le comportement attendu quand un enfant veut aller aux toilettes. Comment fera-t-il la prochaine fois ? Probablement exactement pareil.

Expliquer, dire ce que l'on attend de l'enfant et montrer l'exemple sont les premiers pas vers le silence. Et cela est bien plus efficace que les reproches et les remontrances. « Je t'ai déjà dit mille fois de ne pas crier » ne résonne pas du tout de la même manière que : « Parle en chuchotant, s'il te plaît. » Dans un cas, on pointe le négatif et l'autre peut se sentir accusé ; dans l'autre, on rappelle quelque chose.

Pour que Léon me demande en chuchotant la permission d'aller aux toilettes, je dois explicitement lui montrer comment faire. Je m'approche de lui et lui chuchote à l'oreille sur le ton de la confidence :

> — Si tu as besoin de me demander quelque chose, approche-toi de moi pour que je sois la seule à t'entendre, et parle-moi tout bas. Tu vois, comme ça, ça ne dérange pas ceux qui travaillent, et la classe est toute calme. Par exemple : « Maîtresse, est-ce que je peux aller aux toilettes s'il te plaît ? »

(Notez que j'ajoute dans mon exemple un petit mot de politesse, discrètement et sans en faire tout un plat, histoire que cela laisse une petite trace dans sa mémoire.)

Donc, la prochaine fois que je voudrai m'adresser à un enfant, il faudra que je fasse à mon tour bien attention de m'adresser à lui seul, en m'approchant de lui, sans hausser la voix.

> — Thierno, as-tu pensé à écrire ton prénom au dos de ta peinture ?

De ce fait, à l'inverse, le jour où j'aurai réellement besoin d'élever la voix parce que les larves de coccinelles seront en danger, il y a toutes les chances du monde que mon message parvienne effectivement clairement au destinataire et ce, sans interférences :

> — Sonia ! Le vivarium est en équilibre, il risque de tomber, remets-le vite à sa place s'il te plaît !

Si je veux que les enfants parlent à voix basse et travaillent en silence, je dois (je n'ai pas d'autre choix) me déplacer pour m'adresser à quelqu'un, parler bas et en finir une bonne fois pour toutes avec les sous-entendus. Les élèves ne sont pas en mesure de les comprendre. Tout au plus pourront-ils déceler qu'ils vous ont déçue. Leur estime d'eux-mêmes pourrait en pâtir, tout comme votre relation, mais le comportement ne changera pas.

Ne pas faire ces efforts / ces gestes / adopter ces comportements reviendrait à s'étonner qu'un élève passe son temps à jurer alors même que son parent, surpris, s'exclame outré :

« Putain, je comprends pas pourquoi il dit tout le temps des gros mots ! C'est pas faute de le reprendre !»

Ou encore : « Si tu tapes encore ton frère, je te mets une raclée dont tu te souviendras longtemps. »

Nous, les adultes, sommes des modèles. Nous nous devons d'appliquer ce que nous attendons d'eux.

Les enfants apprennent par imitation. Ils reproduisent les actions des personnes qui les entourent. À nous de faire attention au modèle qu'on leur donne à voir et à entendre.

À retenir

Rien ne sert de crier « silence »

— Silence ! J'ai dit : silence !

Je crie. La classe est sens dessus-dessous, je n'arrive pas à me faire entendre, je n'arrive pas à leur expliquer la suite. J'aimerais juste qu'ils se taisent et qu'ils écoutent. C'est trop demander ?

— SI-LENCE !

Marguerite, qui est au premier rang et qui semble chagrinée de me voir perdre patience tente de m'aider et crie encore plus fort que moi : « Mais taisez-vous ! La maîtresse a dit silence ! » J'ai envie de lui répondre qu'elle crie autant qu'eux et qu'elle ne m'aide pas. Mais son intervention me fait réaliser que je participe autant qu'elle au bruit ambiant. Je crie, Marguerite crie. Les autres haussent la voix pour s'entendre entre eux.

Clairement, j'ai tout faux.
Crier « silence » ne rime à rien.

La main sur l'épaule, **baisser la voix**

Expliquer aux enfants qu'ils peuvent me mettre la main sur l'épaule ou le bras pour signifier qu'ils aimeraient me parler. Si je ne suis pas disponible, je sentirai toutefois leur présence et me tournerai vers eux dès que possible. Cela évite d'entendre appeler « maîtresse ! » à tout bout de champs. « Si tu veux me parler et que je suis occupée, tu peux poser ta main sur mon bras ou mon épaule, comme ça je sais que tu as besoin de moi, mais tu ne me coupes pas la parole. Dès que je serai disponible, je m'occuperai de toi. ». Lorsqu'une enfant pose sa main sur mon épaule, je la recouvre de la mienne. Je n'ai eu besoin ni de la regarder ni de lui parler, mais je lui ai signifié en retour : « Je sais que tu es là, je serai bientôt à toi. »
Le répéter autant de fois que nécessaire en montrant délicatement le geste attendu à chaque fois que l'on est interrompu et que l'enfant a oublié la consigne. Profiter des autres pour dire ce qui est attendu : « Regarde, là je travaille avec Rania, si tu as besoin de moi, tu attends ton tour comme Assa.»

Pose ta main ici, comme ça je ne t'oublie pas. »
Quand on est dans l'impasse, une idée consiste à repérer un élève qui parle fort, à s'approcher de lui pour ne s'adresser qu'à lui. Chuchotez-lui à l'oreille : « Est-ce que tu veux bien parler plus doucement s'il te plaît ? » Il se sentira ainsi davantage concerné. Et le fait de théâtraliser le geste va déranger l'ordre des choses.
Baisser la voix, c'est se protéger les cordes vocales, s'éviter de la fatigue et restaurer un climat de classe harmonieux. Je ne dis pas que c'est facile, mais ça marche. Il faut essayer un peu au début, quelques fois dans la journée, puis de plus en plus.
Commencer par se déplacer pour parler individuellement à un enfant, c'est le premier pas vers le fameux silence tant recherché.

« SOIS FERME ! »

Il y a quelques années, j'ai reçu un message d'une collègue désemparée qui ne s'en sortait pas avec un de ses élèves. « On me dit "sois ferme" ; je cherche encore ce que cela signifie », écrit-elle. Je lui ai répondu par une vidéo sur YouTube. Sa question m'a inspiré une série que j'ai intitulée (pardonnez-moi) « L'élève chiant [4]», que l'on peut retrouver sur la playlist « Gestion de classe ». C'est bien beau de suggérer à quelqu'un d'être plus ferme. Mais sans conseil concret, ça ne sert pas à grand-chose, si ce n'est déstabiliser et insinuer qu'on fait mal son métier.

Les conseils et points de vue que ce type de questionnements m'inspirent ne sont pas applicables dans toutes les situations. Il faut évidemment prendre en compte le cas par cas, accepter qu'une astuce qui marche du feu de Dieu avec un enfant un jour le laisse indifférent le lendemain. D'où l'importance d'avoir une palette de stratégies pour s'adapter aux situations que l'on rencontre.

Pour commencer, je suis convaincue que pour ne pas se laisser déborder par nos élèves, ce n'est pas du côté de l'autorité qu'il faut creuser. L'éducation n'est en aucun cas une histoire de pouvoir sur les enfants. Je ne souhaite pas que les enfants m'obéissent parce qu'ils ont peur de moi ou parce que j'aurais réussi à leur imposer des choses. Si je suis une maîtresse-dictatrice qui règne par l'intimidation, les menaces et les punitions, certes, je pourrai obtenir une classe silencieuse et immobile en levant un sourcil. Mais serait-ce pour autant une classe attentive, disposée à réfléchir et travailler ? J'en doute. Et puis, est-ce que cela va me rendre heureuse ?

Pour kiffer l'école, j'ai besoin d'être moi-même, naturelle et détendue. Je ne prends aucun plaisir à travailler si je dois me fâcher et donner des ordres à tout-va. Quelle déception, ces journées où l'on ne fait que crier et être agacée !

Quand un enfant refuse d'obéir aux ordres d'un adulte, il n'a qu'un seul choix : la soumission ou la rébellion. Soit il s'écrase, soit il désobéit. Je propose que l'on explore une troisième option, celle qui me paraît être l'unique solution : la coopération.

4. Le terme « chiant » n'est absolument pas politiquement correct et je suis désolée de ce choix grossier. Pourtant, je n'ai pas trouvé mieux pour désigner cet élève dont le comportement… ne nous facilite pas la tâche. J'utilise ce mot avec tendresse, car mes élèves « chiants », dans le fond, je les aime bien. Sans eux la classe serait bien morne.

« CAS D'ÉCOLE »

Imrane ne se sent pas bien aujourd'hui. Il est en conflit avec ses copains, il refuse de s'asseoir à sa table et dérange Elia en tirant sur sa chaise. « C'est ma place », répète-t-il en boucle. Je pourrais le forcer à s'asseoir là où je l'ai décidé. Je suis plus grande, plus forte, et il est très probable que j'obtienne cela de lui. Je peux le soumettre. J'aurais gagné.

Mais s'il est têtu et qu'il choisit l'opposition ouverte, il peut se refermer encore plus, aller bouder à l'autre bout de la pièce et refuser d'entrer dans l'activité. C'est alors lui qui aura gagné.

Dans les deux cas, il est probable qu'il n'effectuera pas le travail demandé et se sente mal, donc en vérité, aucun de nous ne sera gagnant. Pour que nous y trouvions tous les deux notre compte, il faut que nous collaborions. Cela va me prendre plus de temps, mais plutôt que de tenter de faire plier Imrane, de le faire obéir, je préfère chercher sa coopération. Il ne s'agit pas de faire des compromis, mais de prendre en compte son ressenti.

J'entends déjà les critiques : « On ne va pas passer un quart d'heure sur chaque élève qui refuse de s'asseoir. Ils sont bien obligés de travailler, non ? Il ne manquerait plus que les élèves décident de tout ! Il faut bien qu'ils nous obéissent. »

Certes, je suis d'accord, le but est que Imrane se mette au travail et qu'il arrête d'embêter sa camarade. Je dis juste que le forcer à le faire ne mènera à rien. Si je veux qu'il coopère, je dois comprendre ce qui se passe pour lui et trouver un terrain d'entente, dans le cadre de ce qui est toléré à l'école.

Cela commence par la communication.

— Imrane, tu as l'air fâché, tu veux me dire ce qui ne va pas ?
— C'est ma place.
— Tu voudrais t'asseoir à côté de Moussa ?
— De toute manière il est nul cet exercice.
— Tu n'aimes pas la géométrie ?
— Ça sert à rien d'abord.

Je connais mon élève. Imrane n'est pas très à l'aise avec l'écrit, les tracés, le dessin. Je perçois derrière sa provocation une pointe d'inquiétude.

— Est-ce que tu penses que cet exercice est trop difficile pour toi ?
— Je vais jamais y arriver. C'est toujours raté quand je dois faire des carrés.
— Je te propose de t'aider. On va commencer par tailler ton crayon à papier pour avoir une pointe bien fine. Ça te va ? En revanche, tu laisses la chaise d'Elia tranquille, entendu ? Elle a besoin de se concentrer.

Un élève « chiant » ne l'est jamais pour nous embêter. Il a souvent une raison bien valable à ses yeux pour se faire remarquer. Peur de ne pas être à la hauteur, envie de s'intégrer au groupe, besoin d'attention et d'être rassuré...

Dans ce cas, je n'impose rien, mais je ne laisse pas passer l'histoire de la chaise. Un de mes rôles d'instit' consiste à poser un cadre rassurant avec des règles claires et bien établies, tout en permettant aux élèves de s'y épanouir avec une certaine liberté. L'enfant qui fait n'importe quoi, qui monte sur les bancs, qui se moque, qui répète nos intonations, fait du bruit, refuse les activités, s'exprime bruyamment et qui décide de ne pas se soumettre... ne se soumettra pas. Comme le dit le proverbe, « On ne saurait faire boire un âne s'il n'a pas soif ». Alors, plutôt que de tenter de le faire obéir par la force, les cris et la bagarre, je préfère le regarder autrement. Il n'est pas seulement « chiant » : il essaie très maladroitement d'exprimer quelque chose.

Je vous propose donc de modifier notre regard sur cet enfant. L'élève pénible est bien autre chose que cela. Et plus cette étiquette lui colle à la peau, plus je vous encourage à faire ce travail. Faites un pas vers lui, sans jugement ni menaces. Vous lui offrirez la chance de se révéler sous un autre angle et de changer son attitude, plutôt que de s'enfermer dans son entêtement.

MODIFIER SON REGARD SUR L'ÉLÈVE « INSUPPORTABLE »

Règle d'or : pour que l'enfant catégorisé « insupportable » ne le soit plus, il faut coûte que coûte lui décoller son étiquette. Regardons-le différemment. Il n'est pas insupportable, il n'arrive pas à se contrôler. Il me déstabilise, il ne fait pas ce que j'attends de lui. Son attitude et ses bruits dérangent le groupe, certes, mais il n'est pas « insupportable ». Il est dans une situation qu'il n'arrive pas à gérer et qui fait qu'il a besoin de se faire remarquer, quitte à ce que ce soit de façon très négative. C'est son moyen de communication. Il n'a pas les mots ou la capacité d'exprimer autrement ce qui ne va pas pour lui. On a l'impression que ces enfants nous cherchent, et qu'ils vont trouver LE truc qui va nous rendre folles, qu'ils font pour nous embêter.

En réalité, ces élèves sont anxieux. Ils ne vont pas bien du tout. Dans leur corps, au milieu des autres, ils souffrent. Une personne qui va bien n'a aucun intérêt à se faire remarquer. Quand je suis sereine, cela ne me vient pas à l'esprit de me moquer d'autrui. Quand je suis détendue et heureuse, je ne râle pas et je ne cherche pas à embêter mon entourage.

Les élèves qui se font remarquer négativement nous disent « au secours, je ne vais pas bien ». Hélas, plus leurs comportements sont inadaptés, plus nous perdons patience et aimerions qu'ils disparaissent. Et plus ils sentent qu'ils nous perdent et que le lien est rompu, plus ils vont renforcer leur attitude contre-productive. Il faut beaucoup d'effort pour avoir de la compassion et de la patience avec un élève qu'on aimerait hors de notre vue.

— Sors de la classe ! Je ne veux plus te voir !

Je pense que nous avons tous et toutes un jour ou l'autre craqué et, à bout de ressources, envoyé un élève dans le couloir, chez le directeur ou la directrice. Nous l'avons fait pour nous préserver, pour assurer la sécurité des autres élèves, ou tout simplement pour essayer de travailler. Il n'y a pas de honte à ça. Je sais combien c'est dur. Si comme moi, vous avez « viré » un(e) élève de la classe, vous avez aussi sûrement fait le constat que ça ne changeait rien et que, le lendemain, il ou elle a recommencé.

« CAS D'ÉCOLE »

— Ah ! C'est toi qui as le petit Carl ? Il est dur, ce gamin. Bon courage ! Il n'écoute rien ni personne.
— Mila ? tu vas voir, elle est méchante avec ses copines. Une vraie teigne. Faut pas la lâcher des yeux.

Bien souvent, ces élèves endossent le rôle qu'on leur attribue avec conviction. Ah oui ? Je suis violent ? Eh bien tiens ! Prends ça dans les dents ! C'est bon ? Je corresponds bien à l'image que vous avez de moi ?

Parfois, les étiquettes sont si bien collées sur le dos de certains élèves que même en leur absence, on les accuse.

— Que s'est-il passé ? Pourquoi la plante est-elle renversée ?
— C'est Carl ! C'est lui qui l'a fait tomber !
— Carl ? Mais il n'est pas là ce matin. Ça ne peut pas être lui !

Un élève pleure ? C'est à cause de Carl. Il y a du bruit dans les couloirs ? Carl.

Le pauvre Carl porte en lui chaque jour l'idée qu'il n'est pas adapté. Qu'il est pénible, que l'on en a marre de lui, que l'on serait mieux sans lui.

J'ai le choix : penser qu'il est insupportable ou bien avouer que je ne sais pas comment le gérer. Dans un cas, je suis dépassée et, plus grave, il est condamné. Dans le second, je prends ma part de responsabilité en tant qu'éducatrice, et je décide de m'y prendre autrement avec lui. Je commence par le regarder sous un autre angle. Je décide d'observer ses qualités, de les mettre en valeur et de les lui faire remarquer.

ÉVITER LA STIGMATISATION

Le plus grand service que nous pouvons rendre aux Carl, c'est de ne surtout pas leur coller une étiquette. Je trouve ça très triste lorsque dans une école, je suis témoin de cette catégorisation systématique par les pairs et par les adultes. Et encore plus quand je contribue malgré moi à cette stigmatisation.

Première étape: aller voir cet enfant en dehors des crises, parce qu'il a besoin d'être vu et d'être entendu. J'entends déjà : « Pardon ? Il faudrait que j'accorde un moment privilégié à cet enfant qui monopolise déjà toute mon attention ? » Oui. Cela demande un gros effort, surtout si je suis à bout de patience et extrêmement fatiguée. Mais je ne vois pas d'autre option si je veux qu'une situation change. Je n'ai pas d'autre choix que de l'aborder sous un angle nouveau. Si j'ai tout essayé — punir, ignorer, expliquer gentiment, crier, menacer... - et que rien n'y fait, pour obtenir un résultat différent, je dois changer ma manière de faire.

ATTENDRE QUE L'ENFANT SOIT CALME POUR LUI PARLER ET CRÉER DU LIEN

Quand l'enfant tape, mord, répond avec insolence, ce n'est pas le moment de lui faire la morale. J'interviens pour stopper tout comportement excessif et pour assurer la sécurité de tous, mais ce n'est pas à ce moment-là que l'enfant sera le plus réceptif à mes remarques. On ne peut pas raisonner une personne qui est à vif.

En revanche, lorsque l'enfant est calme, il sera plus disposé à vous écouter. C'est l'occasion rêvée de créer du lien. D'offrir à cet enfant dont le comportement nous pousse à bout de le voir sous un nouveau jour et de lui montrer qu'il ou elle est important(e) à vos yeux.

> — Bonjour Carl, je peux m'asseoir à côté de toi ? Tu me montres ce que tu es en train de faire ?

Le message implicite est : « Regarde, je m'intéresse à toi. Je te vois. Tu as de la valeur à mes yeux. » Il est fort à parier que la plupart du temps, les interactions des adultes avec Carl sont plutôt de cet ordre :

— Carl, arrête. Carl, ça suffit. Tu me fatigues. Écoute ce qu'on te dit. Carl, non !

Carl est habitué à ce qu'on lui parle sur un ton agacé, il s'est endurci. Il sait qu'il dérange, mais il ne sait pas faire autrement. En le prenant à part, à un moment où il va bien, je vais l'aider à changer sa vision de lui-même. Il n'est pas que le casse-pieds de service, mais le sait-il seulement ?

Je prends le temps de communiquer avec Carl autrement qu'en lui faisant des reproches. Je formule à voix haute des observations positives. Je crée du lien avec lui. J'instaure un climat de confiance entre nous.

— Ça me fait plaisir de te voir sourire.
— Tu es drôlement silencieux, tu lis dans le calme.
— Merci, tu as aidé Ludmilla à trouver son manteau.
— Ça te dirait de nourrir les poissons ?

ENCOURAGER LES COMPORTEMENTS POSITIFS DE L'ENFANT

Je lui fais remarquer qu'il sait aussi avoir un comportement agréable. J'encourage verbalement sa posture. En somme, je le valide. Carl, comme tant d'autres de nos élèves « difficiles », a besoin d'entendre qu'il est à la bonne place, qu'il est le bienvenu, qu'il est reconnu et considéré. Plus encore que d'autres, il a besoin d'avoir une image positive de lui-même. En tant qu'adulte référente, je peux lui offrir ce cadeau : lui faire savoir qu'il a de l'importance. Oui, il a des comportements qui posent de réels défis. Non, il ne me facilite pas la tâche. Mais c'est un enfant. Si je veux sortir du cycle infernal de la surenchère des bêtises/remontrances/menaces/punitions, je dois faire le premier pas. Lui n'en sera pas capable. C'est moi l'adulte.

Encore une fois, **si je veux que les choses changent, il n'y a qu'une seule chose que je peux réellement changer : c'est mon attitude.**

S'OCCUPER DE L'ENFANT ET LUI MONTRER SON IMPORTANCE

Au conseil « sois ferme », je préfère proposer : **occupe-toi de l'enfant dont le comportement pose problème. Montre-lui qu'il a de la valeur.** Lorsque tu auras créé un lien de confiance avec lui, il acceptera beaucoup mieux les règles de vie de la classe. Au lieu d'être ferme, sors-le du rôle dans lequel il s'est empêtré, aide-le à développer son potentiel.

Devance les crises en lui apportant le regard positif dont il a tant besoin. Mets-le en avant. Demande-lui son aide. Donne-lui des responsabilités. Fais-en ton allié pour qu'il coopère.

Et lorsqu'il déborde, rappelle-le à l'ordre en lui répétant les règles.

Je sais bien que ce n'est pas facile de faire cela tout le temps, tous les jours et à chaque fois. D'ailleurs, ce n'est pas l'idée. Il m'arrive bien évidemment de ne pas avoir les ressources ou l'envie d'aller vers un enfant dont le comportement m'a fait perdre patience. Surtout s'ils sont plusieurs dans la classe à avoir des comportements de défi.

Mais gardons en mémoire qu'**une remarque positive et un échange privilégié peuvent faire la différence**. Une ou deux fois suffisent à changer l'attitude d'un enfant et l'image qu'il a de lui-même. Nous sommes des semeurs de graines. Les fruits de nos efforts peuvent prendre du temps à mûrir. Mais toute action positive aura un impact, j'en suis convaincue, j'en suis le témoin chaque jour. Et puis, l'attitude positive que l'on a avec un élève ne sert pas seulement à lui. Toute la classe, qui en est le témoin silencieux, bénéficie des leçons à en tirer. La maîtresse voit du bon en Carl, peut-être qu'à mon tour, derrière le bagarreur, je peux apercevoir l'ami caché. La maîtresse souligne ses efforts, tiens, ça me donne envie de faire pareil et d'être félicité à mon tour.

Ça suffit Cameron ! Tu embêtes tout le monde, je n'en peux plus de toi !
Cameron il fait tout le temps mal.
Il embête tout le monde.
Qu'est-ce qu'il est méchant !

Lorsque l'on valorise nos élèves en dehors des crises et que l'on s'intéresse à eux, nous créons du lien et nous nous dirigeons vers des relations apaisées. Petit à petit, ils pourront se débarrasser de leur étiquette d'élèves « difficiles » et se montrer sous un meilleur jour.

3.
La gestion de la classe

AMBIANCE DE CLASSE

Au pied des chevalets, un pot de gouache rouge est renversé. La peinture se répand sur le sol. Thérèse pointe du doigt Chérifa en hurlant :

> — Maîtresse, Chérifa elle a renversé
> la peinture !
> — J'ai même pas fait exprès !

Ce genre de phrases, je les entends en début d'année. Les enfants qui ont l'habitude de se faire réprimander lorsqu'ils commettent une maladresse sont prompts à dénoncer leurs camarades. Peut-être ont-ils peur qu'on les accuse à tort et qu'on les gronde ? Peut-être craignent-ils la réaction des adultes et qu'ils ne veulent surtout pas être taxés d'être maladroits, inattentifs, casse-pieds, insupportables ? C'est compréhensible de chercher une stratégie pour détourner la foudre d'un adulte vers un autre coupable que soi.

Ces propos participent à une mauvaise ambiance de classe. C'est désagréable d'entendre les élèves se chamailler et se dénoncer entre eux. J'ai mon rôle à jouer pour remplacer les délations par l'entraide et pour transformer les « catastrophes » en situations d'apprentissage.

Ces situations – colle renversée, peinture qui coule, casse d'objets, jeux en équilibre qui tombent et déversent leur contenu au sol – sont fréquentes et inévitables. Les enfants de trois à six ans découvrent encore leur corps et ses fonctions. Leur habileté motrice est en constante évolution. Ils ne maîtrisent pas tous leurs gestes, leur latéralité est instable, leur coordination balbutiante. Tout leur environnement n'est que découvertes et expériences sensorielles et motrices. C'est tout à fait normal que des objets tombent et se renversent. L'inverse serait inquiétant !

Généralement, quand j'entends le « bang ! » d'objets qui chutent dans mon dos, je prends une seconde ou deux avant de me retourner. J'ai désappris à sursauter et à râler lorsque cela arrive. J'évalue à l'oreille l'étendue des dégâts. Cela me permet de réfréner un « ben alors, que s'est-il passé ? » qui ne servirait à rien. Le fait que je ne me retourne pas tout de suite et ne m'énerve pas donne le temps à l'auteur de la chute de prendre une décision, plutôt que d'être aussitôt sur la défensive : « C'est pas moi, j'ai pas fait exprès ! »

Personne ne pleure ou ne s'est fait mal ? Tant mieux. À quoi bon en faire un drame ? Ce qui est important, c'est que les taches soient nettoyées et que les objets soient ramassés pour que les jeux demeurent complets. Peu importe les dommages ou le responsable de la maladresse. Je dis bien « maladresse » et non « bêtise ». Ce n'est pas une bêtise de renverser de l'eau quand on remplit son verre, surtout quand on a moins de six ans ! C'est une situation d'apprentissage que l'on ne maîtrise pas encore. Et on la maîtrise d'autant moins que l'on n'a pas l'occasion de s'exercer ou que la pression en cas d'erreur est immense.

C'est primordial que les enfants apprennent à réparer leurs erreurs. Cela va augmenter leur confiance en eux et décupler leur autonomie. Ils vont travailler leurs fonctions exécutives et s'engager dans la classe. Ils vont trouver leur place et se sentir utiles, concernés. De mon côté, je me préserve : inutile de me déplacer, je ne dis rien, d'un coup d'œil j'évalue la situation et n'interviens qu'en cas de besoin. Tout le monde est gagnant.

Qui a renversé son verre ? Non mais je rêve ! Tu ne peux pas demander plutôt que de te servir seule ?
Laisse-moi faire !
Quelle perte de temps, il va falloir que je passe la serpillère, et j'ai d'autres choses à faire !
Pardon.
Je suis nulle, je renverse toujours tout et je fais que des bêtises.

Au lieu de gronder ou critiquer cette enfant, restons factuelle et permettons-lui de réparer ses erreurs sans la juger. Cela la rendra plus responsable et autonome. Elle gagnera en estime d'elle-même au lieu de se dévaloriser.

À retenir

Une phrase informative a beaucoup plus d'impact qu'un reproche

— Que tu es maladroit ! Fais attention la prochaine fois !

Les reproches n'aident en rien un enfant à éviter que cela recommence. Au contraire, ça peut le rendre encore plus nerveux et plus gauche.

— Pour plus de stabilité, on pose les pots au centre de la table. Ici, près du bord, ils risquent de tomber.

(Je n'accuse personne : j'informe.)

— L'éponge est sur le bord de l'évier. Il faut bien l'essorer avant de nettoyer la peinture, puis la rincer plusieurs fois avant de recommencer. Je te montre, et ensuite c'est ton tour.

(Montrer l'exemple est fondamental.)

Alors, oui, cela prend du temps de montrer à des enfants comment on utilise une éponge ou un balai. Ils n'y arriveront pas seuls dès le début, et il est même probable qu'à certaines occasions ils étalent de la peinture et y pataugent plutôt que de la nettoyer. Mais c'est une perte de temps qui vous en fera gagner plus tard, car ce sont des compétences que les enfants vont perfectionner et utiliser toute la vie. Quel plaisir de voir des élèves prendre soin de leur classe et participer activement à son entretien ! Les enfants adorent faire comme les grands, ils prennent du plaisir à se rendre utiles et sont fiers d'être autonomes. Ce serait dommage de s'en priver.

> — Liya, tu peux montrer à Amélie où se trouve le balai s'il te plaît ?

L'entraide est une des clés du calme et de l'accès à l'autonomie. Les enfants adorent rendre service et apprennent souvent mieux de leurs pairs. J'ai tout intérêt, pour m'économiser et pour souder mes élèves, à les laisser gérer seuls les petits accidents du quotidien. Cela sous-entend d'accepter que le résultat ne soit pas parfait. Je serais probablement plus rapide et plus efficace qu'eux si je me levais et prenais en main la situation, mais ce que je recherche, c'est qu'ils apprennent à être efficaces. Cela demande un grand lâcher-prise, mais on en sort gagnante.

Nombre de fois, je m'aperçois que le balai ou l'éponge ont été utilisés sans que j'en sois informée. Et c'est très plaisant. Ne pas intervenir est devenu un art, que je peaufine jour après jour. Je me sens victorieuse lorsque les élèves sollicitent un camarade à ma place pour obtenir de l'aide. J'ai même, un jour, été prise d'une fierté démesurée lorsqu'une de mes élèves, qui ramassait les morceaux d'un petit pichet en porcelaine brisé au sol, me complimenta :

> — Toi, tu t'énerves jamais quand on casse des objets.

La vérité est que je venais de racheter ledit pichet chez Emmaüs la veille pour nos ateliers de transvasements, et qu'intérieurement, je bouillais. Mais apparemment, ça ne s'est pas vu.

Au lieu d'intervenir, proposer des solutions :

— Je n'arrive pas à attraper le jeu.
— Tu peux utiliser le marchepied.

— Je ne sais pas mettre ma blouse.
— Untel, tu peux aider Untelle à enfiler sa blouse s'il te plaît ?

Au lieu de formuler des reproches, énoncer des faits :

— Maîtresse, Marcus, il a pas rangé les Lego.
— Marcus, Michel me dit que tu n'as pas rangé les Lego.

Je n'accuse pas, je ne formule pas de reproches et ne porte de jugement. Je reste sur les faits : je vois des Lego par terre. Les feutres ne sont pas rebouchés. La cloche va bientôt sonner. J'aimerais que les livres soient ramassés avant que l'on aille en récréation. On sortira quand la classe sera parfaitement rangée.

Énoncer des choses factuelles évite la gêne, les malaises et les accusations. Je montre l'exemple et, par répercussion, les enfants arrêtent de se comparer et de se dénoncer mutuellement. Le climat de la classe est beaucoup plus serein, fondé sur l'entraide et la camaraderie. Les « bêtises », tout le monde en fait, moi la première, et j'ai besoin qu'ils le sachent. Lorsque cela m'arrive, je dédramatise, et je formule à voix haute comment réparer mon erreur.

— Mince, je viens de déchirer la page ! Il va falloir que j'utilise du Scotch pour réparer le livre. Il faut vraiment tourner les pages avec délicatesse.

Le réflexe que beaucoup d'adultes ont quand un enfant dont ils ont la charge fait une bêtise, c'est de le gronder ou le réprimander. Est-ce que, pour autant, l'enfant puni se remettra en question et saura changer son comportement ? J'en doute fort. Voici un exemple dont j'ai été témoin en cour de récréation.

Gaspard et Anya sont au pied d'un arbre. Ils ramassent des feuilles mortes qu'ils écrasent et réduisent en miettes entre leurs mains puis assemblent en tas. Ils jouent côte à côte sans prêter particulièrement attention à ce qui les entoure. Soudain, un « grand » passe en courant et bouscule par inadvertance Anya, qui bascule en avant et se met à pleurer. Gaspard, surpris de voir Anya au sol, s'esclaffe et lui renverse sur la tête le contenu de sa main pleine de brisures de feuilles. Anya pleure de plus belle. Je m'approche. Gaspard, me voyant arriver, se presse de se lever pour s'éloigner de crainte que je ne l'interpelle. Ce serait tentant de lui demander : « Pourquoi tu as fait ça ? »

Serait-il en mesure de me répondre ? Est-il seulement capable de comprendre ce qui se joue pour lui ?

Je lui ai versé le contenu de ma poignée de feuilles sur les cheveux parce que j'ai été surpris de la voir tomber à mes pieds, parce que j'ai trois ans. J'ai agi de manière impulsive face à une menace que je n'avais pas anticipée. Je ne pensais pas à mal, et je trouvais ça drôle une pluie de confettis pour dédramatiser l'incident. À la lueur de ton regard maîtresse, je réalise que j'ai peut-être commis un crime, et j'ai envie de pleurer à mon tour parce que je suis un peu honteux et inquiet. Bien sûr, Gaspard ne formulerait certainement pas les choses ainsi.

Ça ne sert à rien de demander à un élève pourquoi il a eu tel ou tel comportement. Comment pourrait-il répondre à une telle question ? Et puis surtout, quelle est mon intention ? L'humilier ou lui faire prendre conscience de la portée de ses actes et du choix qui s'offre à lui quand une personne pleure ?

Alors, que faire ? Lui dire qu'il est méchant et que ça ne se fait pas de se moquer de quelqu'un qui pleure ? Je pourrais l'obliger à demander pardon et lui dire d'aller jouer ailleurs. Mais je sais que si je lui parle ainsi, il se sentira coupable ou incompris. Il ne m'écoutera probablement que d'une oreille, parce qu'il aura un peu peur de ma réaction. Et puis surtout, il repartira avec une mauvaise estime de lui-même et aucune idée de comment il aurait pu agir autrement ou comment il pourra réagir la prochaine fois qu'il verra une camarade tomber.

Je décide donc de ne surtout pas élever la voix et de lui montrer l'exemple. L'empathie, cela s'apprend. Se mettre à la place de l'autre aussi. Je ne cherche pas à ce qu'il se sente mal à son tour. Au contraire, j'aimerais qu'à la fin de notre échange il puisse se dire « je suis quelqu'un de bien, j'ai le pouvoir d'aider une camarade. »

Avec beaucoup de douceur, je tends la main vers lui pour qu'il s'approche.

> — Tu sais, Anya a été renversée, elle a peut-être eu peur ou mal, ce dont elle a besoin c'est qu'on prenne soin d'elle. Si au lieu de l'aider on lui met des saletés dans les cheveux, c'est pire, tu comprends, elle a encore plus envie de pleurer. Ce qu'on peut faire, c'est lui demander si ça va.

J'ajoute :

> — J'ai confiance en toi, je pense que tu ne voulais pas lui faire mal, mais tu n'as pas réussi à te retenir de lui faire une blague. Ce que tu as fait n'était pas agréable pour elle. Et je suis certaine que tu peux t'occuper des autres, comme tu aimerais qu'on s'occupe de toi. Tu serais d'accord pour qu'on aille la voir ensemble et lui demander si ça va ? Et lui dire pardon ? Je peux compter sur toi la prochaine fois, si tu vois un enfant qui pleure, pour venir me chercher ou le consoler ?

Offrir à un enfant l'occasion de réparer sa faute sans le juger, c'est lui offrir la possibilité d'apprendre à être parmi les autres. Nous allons l'aider à décoller l'étiquette de « vilain petit garçon » qu'on lui fait porter depuis trop longtemps.

Si on l'enferme dans son rôle de garnement qui n'écoute jamais rien, non seulement la prophétie se réalisera (et il continuera à être la terreur de la cour de récré), mais nous ne l'aidons pas. Bien sûr, la petite a besoin de moi, c'est ma priorité, mais je veux et je dois faire comprendre à cet enfant qu'il n'est ni mauvais ni méchant. Ce sont ses actes qui sont inadmissibles, pas sa personne. Si je ne veux pas que cela se reproduise, pour commencer, je vais l'aider à redorer son image. Et je vais m'ouvrir à lui pour l'accueillir. Je m'adresse à lui avec une intention d'écoute et d'empathie.

Pour qu'il soit en mesure de se mettre à la place de l'autre, je lui fais imaginer comment l'autre a pu se sentir. Au lieu de me fâcher, de lui faire la morale ou de le punir, je lui donne un exemple à suivre dans la situation.

ÉNONCER ET EXPLIQUER LES RÈGLES

Si avoir de l'autorité consiste à obtenir de nos élèves qu'ils nous obéissent et n'enfreignent pas les règles, alors il est primordial que tout le monde soit bien au clair sur ce qui est permis ou non.

Nous, les adultes, partons souvent du principe que ceci ou cela devrait être acquis : cracher au sol, il va de soi que c'est non, et on attend son tour quand il y a la queue, etc. Pour nous c'est évident, mais pas pour les enfants, même s'ils l'apprennent sur le tas (à force de se faire reprendre).

Nos règles d'adultes peuvent même sembler bien arbitraires pour un enfant. Comment intégrer le fait que sauter dans les escaliers n'est pas permis, mais qu'en gym, c'est encouragé ? Qu'il est poli de dire bonjour, mais mal élevé de dire « salut ! » ? Qu'il faut se dépêcher de manger à la cantine, mais attendre que tout le monde soit servi pour commencer ? Si l'on se place au niveau d'un enfant qui n'a pas encore intégré les codes, la liste des contradictions est longue.

Nos élèves vivent dans un monde où ils doivent en permanence jongler entre les injonctions des uns et des autres, s'adapter aux différents adultes, prendre des repères dans des environnements sans cesse changeants. Dans certaines cultures, cracher au sol est hygiénique, alors que conserver ses miasmes dans un mouchoir roulé en boule dans sa poche est répugnant. Pour d'autres, regarder les adultes dans les yeux est extrêmement insolent, mais à l'école, c'est malpoli d'éviter le regard d'une grande personne... On peut courir dans la cour, mais pas sous le préau. J'ai le droit de parler à mes amis, mais pas pendant que la maîtresse lit... On se donne la main dans le rang, mais pas sur les bancs. Que de règles...

Bref, le plus simple et le plus efficace est de bien expliciter ce qui est permis et ce qui ne l'est pas. Cela évite les confusions, et cela va grandement nous aider à avoir « de l'autorité ». Prenons le temps d'établir ce contrat d'écolier avec eux, afin qu'il serve de socle commun au vivre-ensemble, de référence en cas de désaccord.

Dès les premiers jours de classe, à la moindre infraction, je rassemble mon groupe et sors deux grandes feuilles de papier A0. L'une rouge, l'autre verte. Je pars d'un épisode vécu en classe, frais et clair dans les esprits..

> — Les enfants, quelqu'un a été mordu ce matin. Je suis très embêtée car cet enfant a eu très mal, et c'est très important que vous vous sentiez tous en sécurité à l'école. Personne ne devrait avoir peur de venir en classe. Qu'en pensez-vous ?

Une discussion (très orientée, cela s'entend) démarre sur ce que l'on voudrait qu'il soit permis ou non dans la classe.

> — Mordre, tout le monde est d'accord, c'est non. Je vais le dessiner, ici, sur la feuille rouge.

Ces affiches me sont d'une grande aide pour asseoir mon autorité. D'un côté se trouve ce qui est interdit, de l'autre, ce qui est permis. Petit à petit, j'y ajoute toutes les « infractions » qui dérangent le bon fonctionnement de la classe et surtout les comportements attendus.

Les règles de la classe ont été établies en commun. Elles ne sont ni aléatoires ni à géométrie variable. Elles sont explicites, et leurs raisons d'être ont toutes été verbalisées.

Sur les bancs, on se tient correctement. Dans notre classe, on joue côte à côte et on fait attention à la construction de son voisin. On range son matériel quand on a fini. On ne jette pas les jouets au sol. On ne tape pas, on ne tire pas les cheveux, on ne griffe pas le visage... Les enfants sont trop contents de faire la liste des pires choses qui leur viennent à l'esprit. C'est un moment assez joyeux. Mes affiches ressemblent à des scènes de crime, pleines de détails qui les ravissent. Ils les adorent et moi aussi, car elles vont m'être d'une grande utilité lorsque je serai confrontée à un élève qui enfreint les règles.

Pour que les élèves respectent le cadre, il est primordial que les règles soient explicites et idéalement co-construites avec eux. Affichées en classe, elles serviront de référence pour rappeler à tous et toutes ce qui est permis ou non.

— Rudy, je te rappelle que crier, c'est interdit en classe. Viens avec moi, on va regarder l'affiche.

Pas de punition, mais un rappel à la règle en montrant du doigt le dessin concerné.

— Ça, c'est non (feuille rouge sur laquelle est dessiné un enfant qui crie), regarde ce que j'attends de toi (feuille verte, un enfant parle à voix basse).

Lorsque je suis ferme face à un ou deux enfants (ce sont souvent les mêmes qui transgressent les règles et cherchent à tester les limites), cela profite à tout le groupe. Même s'ils ne sont pas directement concernés par l'incident, les enfants reçoivent le message. « Tiens, la maîtresse prend très au sérieux le dérapage de Rudy, je vais baisser ma voix pour faire comme il faut. »

Conclusion : bien énoncer les règles. **Dire ce qui est permis et ce qui ne l'est pas.** Sur certains sujets, il ne faut pas laisser de place à la discussion. Taper un camarade, c'est non.

OFFRIR DE LA LIBERTÉ DANS UN CADRE STRICT

Maintenant que le cadre est posé, prenons du plaisir à un peu de souplesse. Les règles, c'est important pour la vie de groupe et pour se sentir en sécurité, mais il ne faut pas s'y sentir trop à l'étroit, sinon, on n'a qu'une seule envie : toutes les transgresser !

Souplesse rime avec confiance et autonomie. J'ai appris avec les années à lâcher prise et à accepter de ne pas toujours tout avoir sous contrôle. À laisser un maximum de responsabilité à mes élèves pour me faciliter la tâche. Bien souvent, les élèves mettent le bazar quand ils sont désœuvrés, quand ils s'ennuient ou qu'ils ont « fini ». J'ai décidé de faire la guerre aux « maîtresse j'ai fini, je fais quoi maintenant ? » en offrant un maximum de liberté à mes élèves. Nous avons un contrat entre nous. Ils ont un travail à fournir, des exercices à faire, des problèmes à résoudre, et quand ils ont fini, ils font ce qu'ils veulent. Pardon ? ce qu'ils veulent ? Oui. En attendant que je sois disponible ou que je leur donne une autre tâche à faire, ils se débrouillent sans moi. La classe est organisée de sorte que les élèves ont toujours quelque chose d'intéressant à faire à leurs yeux, ce qui va m'assurer qu'ils seront intelligemment occupés, et donc sages. Des élèves absorbés par leurs activités, c'est le gage d'une classe calme. Pas nécessairement silencieuse, mais en tous cas propice au travail et aux apprentissages. Cela se met en place progressivement.

Du matériel varié, choisi et en libre-service. Des jeux de société, des livres et un lieu sympa où se poser, des activités manuelles, des loupes, un coin nature fourni, un élevage à observer, un endroit avec un tapis et des modules de gym si l'espace de classe le permet… Un coin bricolage avec du carton, du Scotch, des gommettes, du papier panaché, des ciseaux crantés, de la colle et des emporte-pièces et tout ce qu'ils me demanderont pour réaliser des créations de plus en plus élaborées sur lesquelles je n'interviendrai pas, mais que je mettrai en avant lors des regroupements. Un clavier avec un casque pour jouer des notes au piano. Un coin pour écouter de la musique ou des histoires, des jeux de constructions. Des ardoises, des craies, que sais-je encore ? J'encourage la créativité sous toutes ses formes.

Un autre exemple : les élèves, par deux, ont le droit de circuler en draisienne entre les lits du dortoir attenant à la classe. Parfois, je leur propose des petits sacs lestés ou des planches à roulettes pour se défouler dans le couloir. La porte est ouverte, au moindre son de chahut, le privilège leur est retiré. Croyez-moi, au bout de deux tentatives de débordement, plus personne ne se risque à faire n'importe quoi dans la pièce d'à côté. C'est trop sympa, de se sentir un peu libre et privilégié.

> — Je te rappelle, Wendy, que les planches dans le couloir, c'est uniquement sur le ventre ou assise pour ne pas avoir d'accident. Tu n'as plus le droit de les utiliser aujourd'hui. On verra demain si tu acceptes de suivre la règle.

Cela demande évidemment beaucoup de souplesse et une mise en place progressive. Au début, la classe sera un peu en bazar. Et puis, petit à petit, les enfants vont se sentir tellement bien qu'ils prendront soin eux-mêmes de balayer leurs petits bouts de papier et de ranger leurs activités.

> — Maîtresse, je peux faire des bracelets avec les perles à chauffer ?
>
> — Oui, sers-toi sur mon étagère, et pense bien à refermer le bocal quand tu te seras servi. S'il y a des perles au sol, tu penseras à les ramasser, entendu ?

Les enfants prennent des libertés, ils gagnent en autonomie et ont de moins en moins besoin de moi. Ils transgressent moins les règles. C'est un cercle vertueux, un confort de travail inégalé.

> — Maîtresse, je peux utiliser la boîte de mouchoirs vide pour faire une construction avec Nathan ?

Et comment Mounir ! Éclate-toi je t'en prie ! Cette année-là, grâce à la patience de Mounir en coloriage et en collage, les boîtes de mouchoirs sont devenues LA denrée la plus convoitée de la classe. Les enfants les décoraient pendant des heures dès qu'ils avaient cinq minutes de libres, pour ensuite les offrir à des membres de leur famille. Je leur ai appris à emballer les cadeaux et à se servir du Scotch. Tout le monde était gagnant. J'avais la paix, ils étaient créatifs et autonomes. Plus tard dans l'année, je les ai encouragés à créer des circuits de billes avec le contenu de la poubelle de recyclage.

EXPÉRIENCES ET EXPÉRIMENTATIONS

Lors de l'une de mes premières inspections, la séance de mathématiques que j'ai préparée bat de l'aile, mes élèves de CE1 commencent à s'agiter. Personne ne comprend plus rien aux consignes (moi la première). L'insurrection gronde. L'inspectrice coupe court au naufrage et me donne alors ce conseil drôlement vexant mais salvateur :

> — Arrêtez la séance de maths et faites ce que vous savez faire.

À savoir : raconter une histoire. Je débute en élémentaire après deux ans en maternelle. L'inspectrice voit bien que je ne maîtrise pas l'approche du manuel et ses subtilités autour de la soustraction. Je patauge.

Je demande donc à mes élèves de s'approcher du tableau, j'éteins les lumières et je les embarque au pays des contes. Plus un bruit : « Il était une fois... »

Il n'y a pas de mal à « rater » une séance. Cela nous arrive à toutes un jour ou l'autre. Parfois, une séance que nous avons préparée avec soin ne prendra pas du tout, quand une autre, improvisée, remportera l'adhésion de tous les élèves. Gérer sa classe relève très souvent de l'essai, voire de l'erreur. J'aime voir ma classe comme un petit laboratoire scientifique où je tente des expériences. Un jour je vais retirer tous les bancs du coin « regroupement » pour libérer de l'espace et faire classe assise au sol. Un autre, je vais proposer à chacun de prendre une chaise, de se mettre en ronde et d'utiliser les chaises pour faire de la gym.

Mes idées ne sont pas toutes probantes, et je n'hésite pas à rétropédaler et à revenir à un fonctionnement plus classique. Combien de fois ai-je instauré des groupes de couleurs pour répartir mes élèves en ateliers, pour ensuite les faire disparaître totalement l'année suivante ? En fonction de mes élèves, de l'agencement de la salle de classe elle-même, les années ne se ressemblent pas. En classe, nous naviguons parfois à vue et sommes obligés de changer de cap sans l'avoir prévu.

Quelques règles pour **faire respecter le cadre**

• Respirer, ralentir, reformuler.

• Se demander ce qui est essentiel pour soi, le garder en tête et ne pas transiger dessus. Avoir de la souplesse avec ce qui l'est moins. Être très au clair sur ce qui est admis ou non.

• Ne pas donner de punitions collectives, de devoirs supplémentaires, ou crier contre la classe entière. Ils sont très sensibles à l'injustice, et cela jouera en votre défaveur.

• Personne n'aime se faire rabrouer, mal juger ou critiquer, qui plus est devant ses camarades. Les réflexions doivent se faire en tête-à-tête, quitte à reporter la discussion s'il y a des spectateurs : « Nous reparlerons de ce qui vient de se passer avant la récréation. »

• Ne rien laisser passer, mais ne pas non plus chercher à « casser » un enfant en public, aussi insolent ou perturbateur soit-il. Le reprendre, oui, mais il doit pouvoir s'en sortir sans être humilié. Offrir une voie de secours à ces enfants qui se prennent tout seuls au piège de leur colère, s'enferment dedans et n'ont plus d'issue pour en sortir. « Je vais trouver des balais, et vous pourrez décrocher les boulettes de papiers toilette qui sont collées au plafond. » Leur offrir la possibilité de se racheter.

• Lorsqu'un élève ne respecte pas les règles. Montrer l'exemple : « Je vais te montrer comment on range. » C'est une manière d'exiger que l'on range.

• Chercher à l'occuper : « Je vois que tu as besoin de bouger, veux-tu effacer le tableau s'il te plaît ? »

• Parler de soi, de ses sentiments et de ce que l'on attend, sans accuser : « Je n'aime pas me faire bousculer », « J'aime bien que l'on s'excuse quand on me marche sur le pied. » Quand je parle de mes besoins, de ce que je vois et de ce que je ressens, je peux amener l'autre à changer son regard sur la situation, et éventuellement son comportement.

• Rappeler la règle d'un ton ferme et sans appel : « Personne ne tape personne. » Et ouvrir le dialogue : « Je vois ta frustration, ta colère, tu as l'air d'être très fâché contre Untel » va laisser la place à la discussion. Si vous l'envoyez au coin, il ruminera sa rage, ne pensera qu'à se venger et continuera probablement de taper en s'assurant de ne pas se faire prendre la prochaine fois.

• Offrez-lui votre écoute et de l'empathie, vous l'aiderez à redescendre. Et ensuite, vous pourrez lui rappeler la règle.

Attention ! Tu vas tomber !

Exprimer sa confiance plutôt que sa méfiance c'est offrir de la liberté aux enfants dans un cadre sécurisant. (« Oui, tu peux faire cela, et rappelle-toi la règle. »)

« CAS D'ÉCOLE »

La tension monte entre Jahyanne et Rudy.

— Rends-moi la bille rouge, c'est moi qui l'avais en premier !
— Nan ! C'est pas la tienne ! Elle est à tout le monde !

Rudy arrache la bille des mains de Jahyanne qui le repousse. Lequel, déséquilibré, renverse le circuit de billes.

— T'as cassé mon travail !
— Même pas vrai ! C'est toi qui m'as griffée !
— T'avais qu'à pas prendre ma bille !
— C'est même pas la tienne !

S'ensuivent une série de « t'es nul », « tu sers à rien », « je vais le dire à la maîtresse », « mais toi tu m'as fait mal ! », « toi aussi ! », « menteuse ! », « tu vas voir si », etc. L'escalade ne peut pas s'arrêter car les enfants, pris dans un ping-pong verbal d'accusations et de menaces, ne sont plus en mesure de communiquer sereinement. Ils n'ont tout simplement jamais appris à se parler. Car, oui, pour avoir une communication sereine et apaisée, il y a des codes à respecter, des paroles qu'il vaut mieux éviter pour ne pas irriter l'autre ni mettre de l'huile sur le feu. Et c'est malheureusement le cas lorsque l'on veut imposer son point de vue (« c'est ma bille »), lorsque l'on accuse l'autre (« t'as cassé mon travail »), ou que l'on menace (« tu vas voir », « je vais le dire »), que l'on juge (« t'es nul ») ou que l'on culpabilise l'autre (« c'est de ta faute »). Dans tous ces cas, les protagonistes s'éloignent inéluctablement d'une résolution de conflit efficace, dans laquelle chacune des deux parties serait satisfaite de l'accord obtenu.

Faut-il que j'intervienne ? Oui, bien entendu. Je ne peux pas accepter que les élèves se menacent, s'insultent et s'agressent — ni physiquement, ni verbalement. Et puis, j'aimerais leur apprendre à faire différemment la prochaine fois qu'ils auront un désaccord. Mon but ? Qu'ils soient autonomes pour gérer leurs histoires, et même, un jour, qu'ils soient capables de servir eux-mêmes de médiateurs. Qu'ils puissent repérer les amorces de conflits et les déjouer par l'écoute et la parole.

Et pour ce faire, je suis convaincue que ce n'est pas d'un juge ni d'un arbitre dont ils ont besoin. Je n'ai pas à désigner un coupable, à décider à leur place qui mérite la bille rouge, ni à leur offrir une solution. Ni même à leur ordonner de s'excuser, confisquer la bille, et encore moins à les punir. Je n'ai pas besoin de prendre parti. Ce que j'aimerais, c'est qu'ils soient en mesure de se parler sereinement, sans chercher à avoir le dernier mot ou le dessus sur leur camarade. Trouver un accord satisfaisant implique de pouvoir se mettre à la place de l'autre. Et ce n'est pas simple. Surtout lorsque l'on a l'impression que la vérité est de notre côté et que l'on est victime d'une injustice.

Pour ne pas prendre parti et rester la plus neutre possible (même si évidemment j'ai un avis, parfois même des convictions), l'important est de **rester factuelle**, et d'amorcer la médiation par des faits. Les faits sont irréfutables. Ce ne sont ni des accusations, ni des interprétations, ils ne déclenchent pas d'émotions.

Mettre des mots sur les faits

Lorsque j'interviens, je vais tout d'abord **mettre des mots sur ce que j'observe**. De manière très concrète, sans émettre d'opinion ni prendre parti.

> — Je vois que le circuit de billes est cassé et que tu pleures, Jahyanne.
> — C'est parce qu'elle m'a poussé.
> — C'est moi qui avais la bille !

Face à des faits, et non des suppositions ou des jugements, non seulement je vais rester neutre, mais je vais pouvoir proposer à chacun(e) de s'exprimer sans orienter la discussion. Ensuite, j'énonce que je vais distribuer la parole.

> — Les enfants, je vais vous écouter chacun à votre tour et vous allez m'expliquer ce qui s'est passé. Rudy, je t'écoute.

Jahyanne l'interrompt aussitôt. C'est inévitable au début. En entendant les faits, les enfants auront une envie irrépressible de se défendre et de se disculper.

> — C'est pas de ma faute, c'est lui qui a commencé !

Je lui indique, geste à l'appui, doigt levé, qu'elle doit attendre son tour pour s'exprimer et que nous l'écouterons juste après.

> — Si je comprends bien…

Je reformule ce que Rudy nous a expliqué, et fais une supposition sur ce qu'il peut ressentir.

> — Ça te décourage de voir que le circuit est cassé ?
> — Oui, j'ai mis beaucoup de temps à le construire.
> — La bille rouge est importante pour toi ?
> — Oui, les autres elles ne marchent pas, elles ne sont pas assez lourdes.
> — Entendu, je te remercie, Rudy. Maintenant on va écouter Jahyanne.

Remercier l'enfant peut sembler inutile. Au contraire, j'y vois un grand intérêt. Je le remercie d'accepter la conversation, de jouer le jeu afin de prendre part à la résolution du conflit. Cela montre aussi que sa voix compte, qu'elle est respectée et valorisée.

Je passe la parole.

— À toi Jahyanne, on t'écoute.

En formulant les choses ainsi, je m'assure que Rudy est bien attentif à ce qui se passe. Apprendre à s'écouter mutuellement est la base. Mais quand il y a trop d'affect ou de la colère, ce n'est pas facile.

Formuler les émotions de l'enfant

Tout comme pour Rudy, je fais une supposition.

— Cela te fâche que l'on t'arrache un objet des mains ?
— Oui, il n'a même pas demandé « s'il te plaît ».

Parfois, je peux me tromper en essayant de formuler ou de reformuler les sentiments d'un enfant. Mais ce n'est pas grave. Un enfant apprécie beaucoup les efforts qu'un adulte peut fournir pour expliquer ses émotions.

— Tu as eu peur ?
— Non.
— Tu es en colère?
— Oui !

Quand on met le doigt sur l'émotion ressentie, alors le hochement de tête, l'acquiescement, le soulagement qui se lit sur le visage de l'interlocuteur est presque palpable. Qu'il est bon d'être reconnu dans ce que l'on vit et ressent de l'intérieur ! Quel apaisement d'être compris !

Récapituler la situation

Lorsque les faits ont été établis et les émotions verbalisées, je reformule et récapitule la situation.

Quelle que soit notre contrariété, l'autre n'est pas l'ennemi. Face à une problématique, nous sommes plus efficaces pour la résoudre à deux. Nous sommes plus enclins à trouver des issues quand nous ne sommes pas braqués l'un contre l'autre et en mode « accusation » : « Tu as fais-ci, tu es comme cela ! »

— Si je comprends bien, vous aimeriez tous les deux avoir la bille rouge ? Rudy, tu comprends que Jahyanne n'aime pas qu'on lui prenne un objet des mains sans lui demander « s'il te plaît » ? Jahyanne, tu comprends que Rudy soit déçu que le circuit soit détruit ? Je vous fais confiance pour trouver une solution qui vous convienne à tous les deux. Je vous rappelle que les cris et les gestes violents sont interdits. Si vous voulez, je peux vous aider à exprimer ce dont vous avez besoin en vous parlant sans crier et sans vous agresser.

La clé est là ! Dans les besoins non assouvis. Comme le dit si bien le psychologue Marshall Rosenberg, « la violence est l'expression tragique d'un besoin non satisfait ».

Sans une vraie formation à ces questions de communication, il est difficile d'exprimer ce que l'on ressent et ce dont on aurait besoin. Dans un premier temps, je guide beaucoup les enfants. Dans le cas de Rudy et Jahyanne, j'aurai peut-être même besoin de formuler les demandes à leur place.

— Tu aimerais que Rudy te demande « s'il te plaît » ? Et toi Rudy, tu aimerais que Jahyanne fasse attention à tes constructions ? Rudy, tu serais d'accord pour demander à Jahyanne : « Est-ce que je peux avoir la bille rouge, s'il te plaît ? » Et toi Jahyanne, tu serais d'accord pour faire attention à la construction de Rudy ?

À retenir

pour une **médiation** réussie

Les enfants n'ont pas besoin d'un arbitre.
Ne pas chercher à trouver un coupable
ni à fournir une solution toute faite.
Mais leur exprimer que vous avez confiance
en eux et en leur capacité à trouver une solution
par eux-mêmes et ensemble.
Énoncer des faits (pas des jugements) :
« Je vois que… » Proposer à chacun de s'exprimer :
« Que s'est-il passé ? Et pour toi, que s'est-il
passé ? » Mettre des mots sur les émotions
ressenties par chacun. Aider à formuler ce dont
chacun aurait besoin. S'assurer que chacun a
entendu et reconnu ce qui se joue pour l'autre.
Les aider à formuler leur besoin.
Leur faire confiance pour trouver une solution.
Se souvenir que l'un des prérequis fondamentaux
à l'apprentissage de la résolution de conflit est
la maîtrise du vocabulaire des émotions.

Vers une solution qui convienne à tous

Ce qui est formidable, c'est que lorsque l'on arrive à ce genre de conversation, il est fréquent que les enfants proposent eux-mêmes des solutions à leurs conflits.

> — J'utilise la bille rouge cinq minutes, et après je te la prête.
> — Ok, et si tu veux je peux t'aider à réparer le circuit.

Les enfants sont ravis de se racheter et passent volontiers à autre chose. Ce qu'ils veulent, et c'est ce que nous voulons tous, c'est être respectés, que l'on s'adresse à eux avec égard, et que leur ressenti soit pris en compte. Dit comme cela, ça semble évident et pourtant, si on ne leur apprend pas à passer par toutes ces étapes, l'irritation et la colère prennent souvent le dessus, et l'escalade de la violence devient quasi inévitable.

Le « tu » tue

Saviez-vous que le pronom personnel « tu » pouvait tuer ? Qu'il avait le superpouvoir d'anéantir son interlocuteur ? De mettre fin en un mot à des échanges sereins et à une communication apaisée ? Le « tu » a le pouvoir d'allumer des feux de colère et de raviver des tensions. « Tu ne comprends rien. » (Vous percevez la violence derrière ces quatre mots ?)

Le « tu » tue. Cette expression facile à mémoriser m'a changé la vie. C'est un petit moyen mnémotechnique de se rappeler que la manière que l'on a de formuler nos pensées et nos demandes peut soit ouvrir le dialogue, soit le détruire totalement.

« Tu es bête », « Tu me casses les pieds », « Tu n'écoutes jamais rien. »

« Le 'tu' tue » m'a fait prendre conscience que l'utilisation du pronom « tu » lors d'un conflit est une habitude de langage qui est totalement contre-productive lorsque l'on cherche à communiquer et à faire passer un message.

« Tu es en retard », « tu ne vaux rien », « tu ne m'écoutes pas »... Tu, tu, tu... Pan ! Pan ! Pan ! Ici, nous ne sommes pas dans le dialogue, nous sommes dans les reproches et l'agression. Même si ce n'est pas notre volonté et si l'on a une bonne intention, c'est le pire moyen d'exprimer ce dont on a besoin et ce qu'on aimerait.

Prenons l'exemple « tu es pénible ». Comment ne pas réagir vivement à ce genre de propos ? Ah oui, je suis pénible ? Eh bien toi, t'es méchante. Voilà la première réaction à laquelle on peut s'attendre : la riposte. La bataille verbale. Tu m'attaques, tu m'insultes, eh bien, je vais faire pareil en retour. Et je vais surenchérir. Un ping-pong de reproches va en découler. Ou de justifications :

> — Tu es pénible.
> — Non ! C'est pas vrai ! Parce que toi, tu penses que t'es facile à vivre peut-être ?

Normal de se défendre lorsque l'on est directement accusé(e).

D'autres personnes, les enfants en particulier, en entendant un « tu » suivi d'une accusation, vont se fermer, aller bouder ou pleurer. Le « tu es méchant » touche à l'estime de soi, blesse. C'est une accusation très grave qui peut avoir de lourdes répercussions. Cela peut mettre en colère si l'on trouve que c'est injuste, ou donner envie de faire encore plus mal parce que l'on se sentira incompris ou catalogué dans un rôle dont on n'arrive pas à se défaire. Si le « tu » est si méchant, comment se fait-il que tout le monde l'utilise tout le temps ? Je vais vous le dire. C'est parce que personne ne nous a appris à faire autrement. Les cours de communication, pour une raison que j'ignore, ne font pas partie du cursus scolaire. Alors que c'est si important ! Combien de disputes, de propos haineux et de bagarres seraient évités avec quelques notions de communication non violente (CNV) ?

Remplacer le « tu » par le « je »

Il y a une manière toute simple d'éviter le « tu » qui tue. C'est de commencer ses phrases par « je ». Le « je » n'engage que soi. Il n'est ni accusateur, ni agressif. Il parle de moi, de mes émotions et de mes besoins. Si je dis « j'ai envie de pleurer », « je suis triste », « je me sens seule », cela n'a pas du tout la même portée et le même impact que « tu me fais de la peine », « tu ne penses pas à moi », « tu n'es jamais là ». Vous voyez comme dans un cas, je parle de ce que je ressens, alors que dans l'autre, j'accuse la personne d'être à l'origine de ma souffrance. Or, personne d'autre que moi n'est responsable de ce que je ressens. Apprendre à formuler ses phrases autrement permet à l'autre d'être en empathie avec nous. En disant « je suis triste », l'autre ne sera pas sur la défensive. Ah, oui ? Tu es triste ? Pourquoi ?

Voilà, le dialogue s'ouvre.

Oui, mais !

Ma vidéo sur le sujet a beaucoup fait réagir car, à juste titre, on m'a fait remarquer que parfois, le « tu » n'était pas du tout agressif.

« Tu me fais rire », « tu es ma fille », « tu es arrivé à l'heure. » Ce n'est pas belliqueux ! Évidemment non. Dans bien des cas, le « tu » est totalement neutre et ne déclenche pas de réflexe de défense. Je ne dis pas qu'il faut l'éradiquer de la langue française. Je pointe juste du doigt l'effet accusateur et néfaste de commencer ses phrases par « tu » lors d'une discussion enflammée ou d'un conflit, surtout s'il est suivi par un jugement ou une accusation.

N'oublions pas que l'intention derrière nos paroles prime toujours sur ce que nous formulons. Si je hausse les épaules et que j'éructe en pleurant « je vais très bien, je te dis », alors que tout mon être à ce moment préfèrerait lancer un « laisse-moi tranquille », il est bien évident que le message reçu par mon interlocuteur sera l'inverse de ce que j'aurai prononcé. De même, quand on dit à quelqu'un un « tu me fatigues » plein de tendresse, qui signifie en fait « c'est bon, je cède à ta demande pour te faire plaisir, parce que dans le fond, ça me fait plaisir de te faire plaisir », même si ce n'est pas l'idéal, ce n'est pas pareil que de dire à un enfant qui refuse de se coucher « tu me fatigues » sur un ton de reproche.

Tu es mon soleil

Et puis, vous vous doutez bien que ça ne veut pas dire qu'il faille éliminer le pronom personnel de la deuxième personne du singulier ! Et qu'il soit interdit de l'utiliser ! Le « tu », loin d'être accusatif, peut au contraire être gorgé d'amour. Pour mon anniversaire, ma fille aînée m'a écrit une carte pour accompagner les cadeaux. Je vous en recopie un extrait :

« Joyeux anniversaire ma maman-minouchette d'amour. Je t'aime parce que tu sens toujours bon, tu sais te remettre en question, tu sais dire pardon, tu penses à ce que les gens oublient (la plupart), tu es observatrice, tu es douce, tu consacres du temps à tes enfants, tu consacres du temps aux enfants, tu es facile, tu es vivante, tu es protectrice mais tu nous laisses respirer, tu es impulsive, tu fabriques des traditions à partir de rien (...) Tu as compris où je voulais en venir. Je t'aime fort maman. »

Mon cœur a fondu à la lecture de cette lettre. Jamais le « tu » n'a été autant porteur d'amour.

LE RÔLE DES ÉMOTIONS

Encourager l'expression des émotions de chacun(e)

« CAS D'ÉCOLE »

Simon pleure si fort lorsqu'il s'approche de moi que j'arrête instantanément ce que je suis en train de faire. Il hoquète, gémit, ses larmes redoublent lorsque je me mets à sa hauteur.

— Simon, tu pleures, tu as mal quelque part ?

Les pleurs s'intensifient. Il se plie en deux et se cache le visage dans ses mains.

— Parle-moi Simon, qu'est-ce qui ne va pas ? Quelqu'un t'a fait mal ?

Tout son corps tremble. Je commence vraiment à m'inquiéter.

— Pourquoi tu pleures ? Tu es tombé ? Tu es blessé ? Simon, qu'est-ce qu'il t'arrive ? Tu veux m'en parler ?

Je m'attends au pire, je n'ai jamais vu aucun de mes élèves se mettre dans un état pareil.

— Ralph… il… Ralph… il dit…

Il essaie de m'expliquer, mais je ne comprends rien à cause des sanglots.

— Simon, respire mon grand, calme-toi, je n'arrive pas à comprendre ce que tu dis.

Et là, tout s'éclaire :

— Ralph… il m'a dit « pouêt-pouêt camembert » !

L'un des prérequis fondamentaux à la résolution de conflit est la maîtrise du vocabulaire des émotions. Cela suppose qu'il faut consacrer un temps important à cet apprentissage. Le faire entrer dans notre emploi du temps. Je suis certaine que le sujet de la gestion des émotions aura bientôt sa place dans les programmes officiels. Je l'attends avec impatience. C'est d'utilité publique. Car comment vivre en harmonie, identifier nos besoins et les formuler pacifiquement si nous sommes incapables de mettre des mots sur les émotions qui nous habitent et nous agitent ? Comment nous mettre à la place de l'autre si nous ne savons pas définir nos ressentis ?

En début d'année, à la question « comment te sens-tu aujourd'hui ? », la réponse que j'obtiens des enfants est très souvent : « bien », « pas bien », « bof », voire « je ne sais pas ».

La pauvreté du vocabulaire est tragique, mais pas autant que le constat que je fais à chaque fois : **les enfants ne sont pas habitués à se poser la question de ce qu'ils ressentent.** Ils vivent des émotions fortes qu'ils ne savent pas identifier et encore moins nommer. Si dans le passé, ils ont, pour toute réponse à leurs déceptions, reçu des paroles blessantes ou humiliantes (« arrête de faire le bébé », « ça sert à rien de pleurer », « tu es ridicule », « t'es une grande fille, ça suffit », « ça fait même pas mal », « tu n'as rien », « arrête tes caprices »...), ils auront même appris à ne pas prendre en compte leurs émotions, à les réfréner.

Le corps qui tremble, les pupilles qui se dilatent, les mains moites, les battements du cœur qui s'accélèrent sont les signes corporels d'un tsunami émotionnel. N'est-il pas urgent de les prendre en compte ? De les regarder en face, non pas comme des ennemis à éviter, mais comme des amis à apprivoiser ? Combien de disputes, d'agressions, d'actes de violence pourraient être évités si les enfants apprenaient à reconnaître et écouter ces premiers signes chez eux-mêmes comme chez les autres ? Si l'on utilisait les mots plutôt que les poings ?

En tant qu'adultes, nous sommes tout autant démunis. Tristesse, colère, peur, joie... voilà à peu près les émotions de base qui font partie du vocabulaire courant. Et encore, maîtriser le vocabulaire ne veut pas dire pour autant identifier ce qui se passe en nous. D'ailleurs, rares sont les personnes qui pensent à « scanner » leur corps pour comprendre ce qui se passe en eux.

C'est lors d'un stage de communication non violente (CNV) que j'ai appris à faire ce **travail d'identification et d'expression des émotions**. Je n'ai pas attendu longtemps pour mettre en application ce nouveau savoir et pour en apprécier le résultat. Je vous surprendrai peut-être, mais c'est un accident de scooter qui m'a ouvert cet horizon de communication !

Si vous conduisez un deux-roues, vous savez probablement qu'il est déconseillé de se faufiler le long de la voie de droite pour atteindre un feu rouge. En bonne Parisienne, bêtement, je m'autorise parfois ce risque. Le feu passe au vert, je démarre tranquillement et roule tout droit. Mais la voiture sur ma gauche ne me voit pas et entame un virage à droite. Bim ! C'est le choc. Son pare-chocs percute ma roue arrière. Je ne tombe pas, mais tremble de tous mes membres.

> — Mais vous êtes folle ! Vous savez pas qu'il ne faut pas doubler par la droite ?! Vous n'avez jamais entendu parler des angles morts ? Elle est tarée celle-là !

Mon instinct premier est de répondre à la colère par la colère : « Mais pour qui se prend-il, celui-là ?! Il ne met pas son clignotant et c'est moi qui suis en tort ? » Je suis sur la défensive, j'ai bien envie de crier et de lui balancer deux ou trois noms d'oiseaux.

Au lieu de cela, je me remémore les mots de ma formatrice. Les cris et les insultes sont le résultat tragique de besoins non satisfaits. Si cet homme crie, c'est qu'il a eu peur et qu'il a besoin de se sentir en sécurité sur la route. Peur de me blesser, peur d'abîmer sa voiture ? Au lieu de prendre en compte son émotion première, ne sachant pas faire autrement, il est directement passé à la colère. Au lieu de me fâcher à mon tour, **je formule à sa place ce que nous avons tous les deux ressenti**.

> — Je crois que nous avons tous les deux eu peur.

Alors, son attitude change du tout au tout.

— Oui ! J'ai bien cru que vous alliez vous retrouver au sol. C'est dangereux de doubler par la droite.

Il a raison.

— Vous allez bien ?
— Oui, merci, et vous ?

Intérieurement, je jubile ! Un : je n'ai rien et mon scooter est intact. Deux : j'ai réussi à désamorcer une dispute en prononçant dix mots ! C'est magique !

Importance des émotions et psychologie de l'enfant

« CAS D'ÉCOLE »

Je vois bien que ce matin, pour Kadiatou, ça ne va pas bien du tout. Elle entre en classe en traînant les pieds, m'adresse à peine un bonjour et file s'asseoir seule sur un banc, le visage fermé et les bras croisés. Ce n'est pas dans ses habitudes. Je laisse passer un peu de temps, accueille le reste de la classe et décide d'aller la voir.

Il est tout à fait possible que sa bonne humeur revienne d'elle-même et que mon intervention soit inutile. Mais son langage corporel est très lisible. Je perçois tension, tristesse et contrariété. Je décide de voir si je peux l'aider à exprimer ce qui la traverse, parce que je sais que, sans cela, elle ne sera pas en mesure de travailler et d'apprendre.

— Kadaitou, je peux m'asseoir à côté de toi ? Ça n'a pas l'air d'aller.

Pour toute réponse, elle hausse les épaules.

Parfois, avant de démarrer la journée, les enfants ont juste besoin de temps seuls et ne tiennent pas à ce que je m'approche d'eux. Ce n'est pas le cas de Kadiatou. Je sens qu'elle est très nerveuse. Sa respiration s'est accélérée et ses poings se crispent.

Je pense aux mots qu'un de nos ministres de l'Éducation nationale assénait, selon lesquels les savoirs fondamentaux, c'est-à-dire les maths et le français, sont la priorité à l'école. Je soupire intérieurement et me dis que s'il était assis avec nous sur ce banc, il verrait que la priorité pour Kadiatou, là tout de suite, n'est ni de connaître son alphabet ni de compter jusqu'à trente. Pour qu'elle soit en mesure de fixer son attention, d'apprendre et de retenir quoi que ce soit, la priorité est la régulation de ses émotions.

Quand je me sens débordée émotionnellement, la première chose à faire — cela étant valable aussi bien pour moi que pour mes élèves — est de reconnaître que ça ne va pas. D'accepter l'émotion « négative » qui me traverse. De ne surtout pas la minimiser ni chercher à l'enterrer avec des « mais si, ça va », « y'a rien », « je te dis que ça va », mais de la prendre en compte, de la vivre pleinement.

Exprimer les émotions

Alors, comment faire ? Cela s'apprend. Et vous allez voir que ma proposition est déconcertante de facilité. Il s'agit, pour commencer, de **formuler à voix haute ou par écrit notre contrariété**. Cela est encore plus efficace si l'on peut confier (ou faire lire) ses soucis à une personne extérieure qui consent à les écouter.

Et c'est tout ? À peu près, oui. Ça ne paraît rien, mais en réalité, c'est énorme. Car si l'on ne prend pas le temps de faire cette démarche, on se prive d'un outil très efficace d'autorégulation du stress. Il n'est pas sain de garder en soi ce qui ne va pas, de mettre un couvercle sur ses ressentis négatifs.

L'école peut tout à fait être un endroit pour apprendre à gérer les émotions. Et je saisis la moindre occasion qui se présente pour encourager mes élèves à les exprimer.

— Tu as l'air triste Kadiatou, tu veux bien me dire ce qui s'est passé ce matin ?

Je lui propose mon écoute. Dans ce moment, je suis toute à elle. Si elle veut déposer[5] par la parole ce qui la contrarie, je suis à sa disposition.

Un grognement me répond. Je tâtonne pour comprendre ce qui a pu se passer.

— Est-ce que tu t'es disputée avec quelqu'un ?
Un autre grognement m'invite à poursuivre.
— Maman était fâchée ce matin ?

D'ordinaire Kadiatou et sa mère se prennent dans les bras pour se dire au revoir, mais ce n'a pas été le cas aujourd'hui.

— Adama il est malade, c'est pas juste.

5. Quand avez-vous vidé votre sac pour la dernière fois ? Vous rappelez-vous du bien que cela fait, du sentiment de légèreté et de soulagement qui accompagne cette libération ? Confier sa peine est sain. Cela permet de reprendre son souffle et de prendre soin de soi. C'est aussi indispensable que de se brosser les dents ou de désencombrer son évier de vaisselle sale, et pourtant, il n'est pas si fréquent que l'on se l'octroie.

Je comprends que son petit frère étant malade, sa maman ne le déposera pas à la crèche. Kadiatou aurait aimé rester à la maison, elle aussi.

— Tu es déçue de devoir venir à l'école
alors que Maman garde Adama ?

Kadaitou hoche la tête.

— Elle m'a même pas fait de bisou.
— Maman était contrariée, elle est partie et a oublié de te faire un bisou ?
— Oui.
— Et tu es triste parce que tu aurais aimé avoir un bisou ?
— Oui…

J'entends déjà les remarques : « je ne suis pas psy », « c'est bien gentil mais je n'ai pas le temps avec trente élèves… » Attention, en aucun cas je ne me pense psy. J'aide juste une enfant à formuler ce qui se passe pour elle à l'intérieur. Je formule des hypothèses sur l'émotion qui la traverse. Je ne porte aucun jugement, ne donne pas mon avis et ne cherche pas à aller plus loin.

Quant à la question du temps, je répondrai que l'expérience m'a moult fois démontré que « perdre » quelques minutes à écouter un enfant qui en a besoin me fait gagner un temps précieux par la suite. Parce que les émotions refoulées finissent toujours par resurgir, s'amplifier et, au bout du compte, ralentir considérablement la journée.

Par ailleurs, le soulagement de la personne qui a pu partager sa peine est si palpable qu'elle vaut toutes les « pertes de temps » du monde. En déposant son fardeau, Kadiatou s'est allégée d'une partie de sa peine. Elle va maintenant pouvoir passer à autre chose et débuter sa journée de classe.

Reconnaître et ne pas minimiser les souffrances de l'enfant

« CAS D'ÉCOLE »

Que se passe-t-il quand un enfant tombe sur les genoux et qu'il pleure ? Bien souvent, l'adulte en charge balaye les gémissements d'une voix qui se veut rassurante.

> — Ce n'est rien, arrête de pleurer. Ça ne saigne même pas, tu es un grand garçon, ça va aller.

Personne n'aime voir un enfant souffrir, encore moins si l'on en a la responsabilité. Calmer les pleurs au plus vite donne l'illusion que la douleur n'est plus. Que tout est rentré dans l'ordre, que nous avons fait ce qu'il fallait. Cachons ce trouble qui nous peine et que l'on ne saurait voir. Évitons les drames, les gémissements et les sanglots, cela ne se fait pas, prenons sur nous, ravalons nos larmes. Cela réveille des souvenirs en nous ? Notre propre enfance peut-être ? « Allez, n'en fais pas tout un plat. Arrête ta comédie. Tu veux qu'on aille à l'hôpital et qu'on te coupe le bras ? Non, tu vois, ce n'est pas si grave. Ne sois pas si douillet, lève-toi, et fais attention où tu marches ! »

Ces mots, prononcés avec parfois beaucoup de bienveillance et accompagnés d'un bisou ou d'une caresse, me désolent. Car, tout-petits déjà, cela nous éloigne de nos émotions et nous dissuade de ressentir. Nos parents, malgré eux, en voulant nous rassurer et nous rendre « plus forts », ont fermé les vannes des émotions. Ils nous ont enseigné à ne pas être à l'écoute de notre corps, pire, à nous méfier de notre ressenti.

Puisque tu es l'adulte et que tu m'as dit que je n'avais pas mal, alors que ça pique et que j'ai eu peur, est-ce que je dois ne plus te faire confiance, ou bien ne plus faire confiance à ce que mon corps me dit ? Soit je crie de plus belle et mon estime de moi en prend pour son grade, car je suis un « gros bébé », douillet et qui se donne en spectacle. Soit je me retiens de pleurer et de me plaindre, et je souffre en silence. Je réfrène mon élan naturel.

Il est très tentant d'essayer de passer outre un moment difficile, d'ignorer une vexation ou une déception en faisant semblant qu'elle ne nous atteint pas ou en pensant que ça va passer tout seul. Mais c'est un leurre drôlement dangereux, car l'émotion risque de resurgir plus tard, à un moment où nous ne serons plus en mesure de la contenir, sous forme de crise : explosion de colère démesurée pour un petit rien (une goutte d'eau qui aura fait déborder le vase), parole acerbe dirigée contre un être proche, voire harcèlement envers un plus faible que soi.

Les émotions désagréables font partie de la vie. Les nier ne les fera pas partir plus vite. Tout au contraire. En les refoulant, nous nous coupons de notre capacité à ressentir ce qui se passe en nous et nous n'apprenons pas à les réguler.

En verbalisant les émotions dites « négatives » et en offrant notre soutien physique et/ou verbal, nous accompagnons les enfants vers l'autonomie et la maturité émotionnelle. Leur cerveau est encore en construction. Honte, déception, douleur, découragement ne doivent pas être tabous.

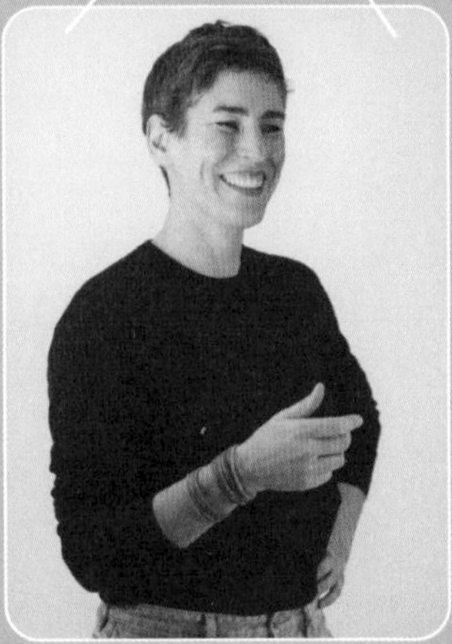

À retenir

Apprendre aux enfants à **reconnaître et exprimer leurs émotions**

Je pense qu'il est primordial d'apprendre très tôt aux enfants à reconnaître les émotions, en particulier les émotions désagréables, pour ne plus les redouter mais les apprivoiser. Et surtout, pour réussir à les dépasser en les sortant de soi, en les exprimant, en les nommant.
Je vois ça comme une hygiène de vie.
Prendre soin de ce que l'on ressent comme on prendrait soin de son corps.

À retenir

Piocher dans un réservoir de mots pour **exprimer les émotions**

Savoir reconnaître que lorsque je me crois « pas contente ou énervée », c'est plutôt que je suis gênée, apeurée, agacée, mal à l'aise, frustrée, impatiente, pudique, jalouse… cela est primordial.

Pour exprimer nos émotions, il existe des centaines de mots. Quand « ça ne va pas très bien » mais que l'on a du mal à savoir pourquoi, il ne reste plus qu'à piocher parmi ce réservoir de mots[6].

6. Voir la liste des émotions en fin d'ouvrage.

Proposer à l'enfant d'améliorer son attitude face aux autres

« CAS D'ÉCOLE »

Imrane a manqué une marche. Il dégringole l'escalier mais se redresse instantanément, l'air de rien. Thierno et Nils rigolent. Ça fait toujours marrer, une chute spectaculaire. Ce serait presque un mécanisme nerveux. Soulagés de ne pas être nous-mêmes dans cette posture supposée humiliante, nous rions par réflexe. Ça ressemble beaucoup à de la moquerie. À la douleur s'ajoute la honte. Vexé comme un pou, les mâchoires serrées et les yeux embués, Imrane se retient de pleurer. Il ne veut pas perdre la face. Quand je lui demande si ça va, il repousse mon contact.

— Imrane, tu as dû avoir peur, ta chute était impressionnante. Est-ce que ça va ? C'est normal d'avoir envie de pleurer quand on a mal. Tu as le droit de pleurer. Les enfants, quand quelqu'un tombe et qu'il s'est fait mal, si on rigole, on ajoute la vexation à la douleur. À la place d'Imrane, plutôt qu'on se moque de moi, j'aimerais qu'on me demande si ça va.

C'est important d'expliquer aux enfants que face à des situations comme celle-ci, ils ont le choix de leur réaction. Ils ont le choix de rire, ou de faire preuve d'empathie. L'école est aussi là pour enseigner cela. Je ne leur dis pas : « Arrêtez de rigoler, vous êtes méchants. » Ce serait les humilier à leur tour et ils n'apprendraient absolument rien. Mais je leur fais prendre conscience de ce que ressent Imrane. Et ils voient très bien de quoi je parle, parce qu'ils ont probablement déjà vécu la même chose. Et d'ailleurs, quoi de plus naturel que de reproduire les modèles qui nous entourent ?

— Ouais, mais quand même madame, c'était drôle, avouez !

— Je pense qu'on a tous été surpris par la chute. Mais non, je ne trouve pas ça drôle du tout. Et, plutôt que de rigoler, je préfèrerais que tu tendes la main à ton camarade pour l'aider à se relever ou que tu lui demandes comment il va.

Face à un élève qui surenchérit et qui fait son intéressant, je n'ai aucun intérêt à entrer dans son jeu. Je vous déconseille fortement de le remettre à sa place en le cassant ou lui faisant perdre la face devant ses copains. Il ne vous le pardonnera jamais.

Imaginez si j'avais répondu :

— Bon écoute Nils, on se passera de tes commentaires. La prochaine fois que c'est toi qui tombe, on va tous rigoler et on va voir comment tu te sens.

Je reste factuelle et neutre. Je ne lui adresse pas de reproche, mais je lui indique comment améliorer son attitude. Je ne le juge pas, mais je dis ce que je ressens et ce que son camarade peut ressentir, et je lui propose une autre conduite à tenir à tenir.

Découvrir un autre mode de communication et d'expression des sentiments

Avoir une écoute empathique, cela se travaille. Ce n'est pas inné. Le modèle d'éducation que nous avons reçu joue évidemment sur nos réflexes.

Si, enfant, lorsque vous rencontriez des difficultés dans un domaine, on vous répondait : « Oh, c'est bon, c'est rien. » Si l'on rejetait vos émotions d'un revers de la main en vous conseillant : « T''as qu'à faire ça », ou pire, en discréditant vos émotions et en vous disant : « On s'en fout de tes états d'âme »... Dans de tels cas de figure, comment devenir un adulte apte à identifier ses propres émotions et, a fortiori, celles des autres ?

Pour réapprendre à communiquer, il faut parfois sacrément se déconstruire. Beaucoup d'entre nous avons été coupés de nos émotions. Personne ne nous a montré comment faire pour les identifier, les prendre en compte et les apprivoiser. Honte, gêne, tristesse, douleur, déception... ont été ignorées et balayées sous le tapis. Cela crée des traumatismes et des adultes au quotient émotionnel proche de zéro.

Je fais partie des personnes qui, enfant, n'ont pas appris à identifier les émotions qui les traversaient. Pudeur de la part de mes parents ? Ignorance ? Chez mes grands-parents, les émotions étaient même jugées comme vulgaires. J'ai toujours entendu ma maman dire que chez elle, ça ne se faisait pas de s'apitoyer sur son sort. Qu'on ne parlait de rien. Aucun geste physique de tendresse, ni de discussions intimes. Pas étonnant que la génération suivante ait eu du mal à changer ses habitudes.

Je n'ai pas eu d'outils pour identifier mes besoins et apprendre à les nommer. Je n'ai pas non plus appris à parler gentiment, sans agressivité et avec empathie. Chez nous, la répartie cinglante et le mot juste avaient plus de poids et étaient mieux considérés que les paroles douces et réconfortantes.

En découvrant le foyer de certaines de mes amies, j'ai constaté avec stupeur et envie un autre mode de communication. On s'y parlait sans agressivité mais avec chaleur, je m'y sentais écoutée et appréciée. Plus tard, je me suis intéressée de près à la communication non violente et je m'y suis formée. C'est une démarche dans laquelle on ne cherche pas à avoir raison. Dans laquelle l'autre n'est pas vu comme un adversaire. Dans laquelle on se sent mieux car on choisit d'apaiser les échanges. Pour soi et pour l'autre.

Cet apprentissage a changé ma vie et ma manière d'enseigner. Je suis devenue très sensible au choix des mots. Je fais attention aux paroles que j'emploie, j'essaie de m'améliorer. Pourtant, il m'arrive évidemment de revenir à de vieux schémas réflexes de défense agressive. De mettre malgré moi de l'huile sur le feu lors d'un entretien ou face à un désaccord. Mes vieux automatismes sont d'autant plus vifs que je suis fatiguée ou agacée. Je ne vous parle même pas des moments où je suis en colère !

« CAS D'ÉCOLE »

Après une journée particulièrement fatigante au cours de laquelle j'ai été mordue, secouée, tapée sans relâche par des élèves de trois ans, alors que les mauvaises nouvelles s'accumulaient, que les animateurs étaient en retard et que la journée tardait à finir, la maman d'Awa se montre particulièrement agressive envers moi. Ladite Awa a fait un nombre incalculable de bêtises dans la journée : morsures, coup de ciseaux sur ma cuisse, cris, courses effrénées, et j'en passe... Lorsque la maman sous-entend que je ne surveille pas assez bien sa fille, puisque celle-ci a une égratignure au bras, je bous intérieurement. Ce n'est franchement pas le moment de me prendre la tête. D'autant que cette maman m'a déjà fait beaucoup de reproches par le passé.

— Si Awa a le bras griffé, c'est parce qu'elle est sortie de la classe sans la permission, et qu'elle est tombée dans la cour où elle n'aurait jamais dû se trouver. Ce n'est pas la première fois qu'elle s'échappe de la classe.
— C'est inadmissible, je vais aller voir la directrice !
Exaspérée, je prononce ces mots :
— Vous voulez voir la directrice ? Eh ben je m'en fous, allez-y, allez voir la directrice, faites comme vous voulez !

Je sors de mes gonds. Je n'ai plus une once d'empathie pour qui que ce soit. J'ai un besoin cruel de calme et de reconnaissance, mais au lieu de cela, une énième agression se produit. Cette maman est inquiète pour Awa. Sa fille est blessée au bras et elle n'en a pas été informée. Je comprends tout à fait sa réaction. Elle aurait pu voir que j'étais tendue, dépassée par les élèves en pleurs autour de moi, qui attendaient l'animateur pour aller au goûter tout en voyant arriver les parents des autres. Elle aurait pu en déduire que le volume sonore ne se prêtait pas à la discussion. Elle aurait pu attendre une seconde, me parler avec une voix posée pour me demander poliment si je savais ce qui s'était passé. Au lieu de cela, elle m'a aboyé dessus. Alors, j'ai répondu sur le même ton.

Donc, oui, même si je sais faire mieux, parfois je fais aussi des boulettes.

Ce qui est fait est fait. Je n'en suis pas fière, mais la bonne nouvelle, c'est que je suis entièrement libre de décider de la suite de mes actions. Par exemple, prendre mes responsabilités. Commencer par admettre, à moi-même dans un premier temps, puis à la maman dans un second, que j'ai eu tort. Je n'aurais pas dû lui parler sur ce ton, ni employer ces mots. Par ma faute, la communication est rompue. Je peux essayer de la rétablir en lui proposant de reparler de l'incident.

> — Madame, seriez-vous d'accord pour que nous reparlions de ce qui s'est passé jeudi soir ?

Autres possibilités : écrire un message. Organiser un rendez-vous avec la directrice. Et bien évidemment, présenter mes excuses. Dans ce cas précis, c'est ce que j'ai fait, en présence de la directrice.

Présenter des excuses sincères et efficaces en trois points

Pour présenter des excuses sincères et efficaces,
la première chose à faire est de reconnaître ses erreurs
et d'endosser la responsabilité de ses actes.

Un, je commence par une phrase du type :
« Je prends la responsabilité de ce que j'ai dit hier après-midi. »
Il ne s'agit pas de s'autoflageller lorsque l'on s'excuse,
mais de prendre conscience de ce que l'on a fait, d'accepter
son erreur afin d'évoluer et de s'améliorer dans le futur.

Deux : je reconnais le comportement que j'ai eu.
Souvent, on a la tentation immédiate de se trouver des excuses.
Mais cela affaiblit notre position. Pour s'excuser avec assertivité
on commence sa phrase par « je reconnais ».
Je reconnais avoir parlé avec agressivité et avoir été malpolie.

Trois : je prévois un plan d'action. Lors d'excuses lambda, on ne propose pas de solution, on dit juste je suis désolée, pardon. De vraies excuses doivent intégrer « voici comment je compte me faire pardonner ou me racheter et ce que je ferai à l'avenir pour que cela ne se reproduise pas ».

Je m'engage à vous prévenir lorsque Awa se fera mal, et je m'adresserai à vous avec respect quelle que soit la situation. C'est tout de même mieux qu'un « je vous demande pardon, mais Awa doit apprendre à écouter les règles », non ?

« CAS D'ÉCOLE »

Un lundi matin à 8h20, la maman de Luna me tend littéralement sa fille.

— Tenez ! Prenez-là !

Je la réceptionne dans les bras, ne comprenant pas bien pourquoi la maman soupire. Il y a de la tension et de la fatigue dans l'air.

— Elle est en pyjama, me dit-elle, une pointe d'agacement dans la voix.
— En pyjama ? Mais pourquoi ?
— Parce que je suis à bout ! m'avoue-t-elle en toute franchise.

Je comprends alors que ce petit bout de femme de deux ans et demi a refusé de s'habiller ce matin, qu'elle a probablement hurlé, trépigné, s'est sans doute débattue. La maman, en désespoir de cause, a donc renoncé à l'habiller et l'a conduite jusqu'à l'école en pyjama. À la maison, c'est Luna qui décide.

— Je comprends, je m'en occupe.

J'ai beaucoup de compassion pour les parents qui admettent qu'ils ne s'en sortent pas. Et beaucoup de sympathie pour les élèves qui, comme Luna, du fait de mon statut de prof et de mon expertise en négociation avec les moins de trois ans, ne m'impressionnent pas le moins du monde. Il faut dire que l'effet de groupe joue en ma faveur et que mon affect ne rentre pas en compte quand je m'adresse à elle.

Quelques minutes plus tard, Luna n'a plus son pyjama. Elle accepte docilement que je la change. (La vérité est que, pour une fois, je n'ai pas eu besoin de négocier, elle s'est fait pipi dessus.)

Et si, à votre tour, vous envisagiez la prof comme une négociatrice ?

4.
L'art de la négociation

LA NÉGOCIATION, UN ART QUI COMMENCE DÈS LA NAISSANCE

Dès la naissance, nos interactions avec notre entourage relèvent de la négociation. Bébé, quand je pleure parce que ma couche est pleine et que j'ai froid, je négocie. Inconsciemment, bien sûr, mais avec beaucoup de persuasion. Je vais crier jusqu'à ce que j'obtienne ce dont j'ai besoin, à savoir être au sec. Mon parent va vouloir que mes hurlements cessent. Du lait chaud ? Ce n'est pas ce que je vous demande ! Je hurle de plus belle et détourne la tête à l'approche du biberon. Une couche propre ? Voilà. Ça va mieux, nous allons tous les deux pouvoir nous rendormir. La négociation a été efficace, les deux parties sont satisfaites. Bébé a chaud d'un côté, et le calme est revenu de l'autre.

Il est normal qu'en grandissant, l'enfant continue d'utiliser cette stratégie qui a prouvé son efficacité depuis sa naissance. S'il a envie de quelque chose, il crie, il pleure et se débat pour l'obtenir.

Oui, mais à mesure qu'il grandit, la donne change. On attend de l'enfant qu'il s'exprime autrement qu'à travers les hurlements pour se faire comprendre. On aimerait qu'il se raisonne, qu'il utilise les gestes, puis éventuellement la parole. « Arrête de crier, montre-moi ce que tu voudrais. » « Ne me tape pas, dis-moi pourquoi tu n'es pas content. »

Notre patience envers les enfants diminue considérablement dès qu'ils se mettent à marcher et à explorer le monde. La toute-puissance du bébé n'est plus acceptable. Nous refusons d'être réveillés en pleine nuit, les repas ne sont plus à la demande mais à heures fixes, il y a des moments pour tout.

Pour l'enfant, pas facile d'accepter ce nouvel état de fait, ces nouvelles règles du jeu. D'autant qu'en accédant à la marche, l'enfant voit d'un coup son univers s'agrandir, les opportunités d'accéder à de nouvelles convoitises se multiplier. Ce que nous appelons « bêtises » n'est en réalité que découverte et curiosité. Non, on ne fait pas tomber tous les livres de la bibliothèque et on ne met pas ses doigts dans la prise ! L'enfant va devoir apprendre à gérer sa frustration et accepter les nouvelles règles. La négociation se corse. Certaines choses sont devenues non négociables.

Les débuts à l'école maternelle sont pour certains enfants un défi supplémentaire. À la perte de leur toute-puissance de bébé s'ajoute la confrontation à la collectivité. Il faut partager l'adulte avec d'autres, se plier à un rythme qui n'est pas le sien, accepter la présence d'enfants qui vont se mettre entre lui et ses besoins.

Comment ça, personne ne me donne à manger au moment où j'ai faim ? Et pourquoi je devrais attendre mon tour pour jouer avec la poupée qui me plaît ? Je n'ai pas envie de mettre mes mains sur les épaules de mon camarade et d'avancer sans casser le petit train ! Je n'ai pas envie de négocier avec vous ! Et pour bien vous le faire comprendre, je vais mordre ! Je vais partir en courant dès que la porte sera ouverte ! Et pour finir, je ne m'allongerai pas dans ce petit lit inconnu à l'heure de la sieste ! Et vous ne pourrez pas m'y forcer ! Je vais chanter, jeter mon doudou au sol, tirer la couverture du voisin. Vous allez me dire que je suis difficile, insupportable, que je n'obéis pas. Vous aurez raison, il est hors de question que je vous obéisse parce que je n'ai pas sommeil et que cet endroit me fait peur.

Les enfants, confrontés à la perte de leur capacité de négociateur innée, vont devoir s'adapter et évoluer. Pas simple. Ni pour eux, ni pour nous qui en avons la charge.

La donne a changé, les méthodes de négociation aussi.

Certains enfants trouvent leur compte à obéir systématiquement aux adultes qui s'occupent d'eux. Ils se sentent en sécurité, apprécient de rendre service et de voir que leur attitude plaît. Avec eux, la négociation est simple. Tu m'obéis, et je reste calme et disponible pour toi. Nous avons trouvé un niveau d'entente raisonnable et qui nous satisfait tous les deux. Est-ce que je peux sortir de table ? Oui, et mets ton assiette dans le lave-vaisselle, s'il te plaît. Négociation réussie.

À l'inverse :

— Enfile tes chaussures, on va être en retard !
— Naaaaan ! Je veux pas aller à l'école !

Négociation mal partie.

Parfois, parce que l'on est démuni en tant que parent et que nous n'avons pas appris à faire autrement, une guerre de pouvoir s'installe à la maison. Les enfants crient, pleurent, se roulent par terre, et comme nous ne savons pas négocier comme il faut, nous cédons. Nous cédons d'autant plus vite quand les enfants choisissent de se faire remarquer en public ou quand nous sommes fatigués. Nous obtenons alors le silence — ou un calme relatif — en renonçant à des principes éducatifs que nous n'arrivons pas à faire peser dans la balance des négociations.

« Assieds-toi dans la poussette et tu auras une sucette. » « Si j'allume la télé, tu manges aussi la purée, pas que la viande. » « Une heure de tablette, mais pas plus, après tu vas au lit. » « Tu exagères. D'accord tu t'endors dans mon lit, mais à condition que tu arrêtes de jouer. » « J'avais dit cinq minutes et on s'en va ! Là ça fait trente minutes que je vous attends ! »

Force est de constater que dans bien des cas, nos enfants sont de meilleurs négociateurs que nous !

Arrivés en maternelle, ces enfants « tyrans », maîtres en négociation, posent de réels défis. Ils sont tellement habitués à ce que l'on cède à leurs cris qu'ils sont sous le choc la première fois qu'ils sont confrontés à un « non » ferme et définitif. « Non, on ne tape pas ses camarades. Non, tu n'as pas la permission de fouiller dans les tiroirs de mon bureau. Non, ce n'est plus l'heure de faire du toboggan. »

L'école ne va pas céder à leurs demandes intempestives. Il faut donc revoir les outils de négociation. Comment s'adresser à eux pour que leurs habitudes changent ? Cela se fera pour certains dans les cris et la rage, mais nous devons leur imposer un nouveau type de négociation. Ce qui fonctionne à la maison avec les parents, ici, ça ne passe pas. En grande partie en raison du nombre d'élèves que nous avons en charge. Ce que nous pouvons tolérer avec un, deux ou trois enfants d'une fratrie devient vite ingérable avec un groupe de trente. Certaines contraintes inhérentes à la vie d'une classe ne sont pas optionnelles. Il en va de la sécurité de tout le monde.

« CAS D'ÉCOLE »

Enfant, mes parents me laissaient glisser à cheval le long de la rampe d'escalier de l'immeuble. À l'école, même si j'en avais très, très, envie, il était évident que ne n'avais pas le droit de le faire. Le danger serait bien trop grand si toute une classe avait la permission de descendre les escaliers sans consignes. En imposant un cadre juste et ferme, identique pour tous, les enfants vont aussi être gagnants. Ils ne le perçoivent évidemment pas d'emblée, surtout s'ils ont pris l'habitude de commander chez eux, mais à terme, ils vont se sentir beaucoup plus sereins et rassurés quand ils auront compris que la règle qui vaut pour eux vaut pour tout le monde. Si la maîtresse m'interdit de taper et si personne n'a le droit de le faire, alors elle me protégera si quelqu'un veut me faire mal. Très souvent les « mordeurs/tapeurs » sont les premiers à crier au scandale quand on les touche. Ils découvrent que les règles fonctionnent pour tous, et qu'ils y trouvent leur intérêt.

À nous de trouver de nouvelles stratégies de négociation avec ces élèves dits « difficiles » et d'adapter notre manière de nous adresser à eux.

Négocions.

Pour qu'une négociation soit réussie, les deux parties doivent en sortir victorieuses. Il ne s'agit pas de gagner ou d'avoir le pouvoir. Je ne dois donc pas chercher à dominer ni contrôler les élèves. Je ne me place pas au-dessus d'eux, mais j'essaye de voir quel chemin nous pouvons emprunter pour marcher côte à côte.

Bien sûr, je vais arriver à mes fins. Vous allez voir comment, et ce n'est pas de la manipulation, car mon intention est bonne. La manipulation entre en jeu quand je me fiche de ce que veut l'autre. Et quand seul mon intérêt m'importe. Mais un bon négociateur cherche l'intérêt des deux parties, sans céder sur ce qui est pour lui non négociable (comme la politesse, le respect...). Magique.

Si je ne désire pas me placer au-dessus de l'enfant pour le forcer à faire quelque chose, je vais faire l'effort d'aller voir ce qui se passe pour lui et de comprendre son point de vue. Je vais me questionner pour ne pas le braquer et pour qu'on arrive à une entente. Il va falloir que je me rende disponible, que je fasse preuve d'adaptabilité et d'humilité. Il est tout à fait possible que le résultat de la négociation soit très éloigné de ce que j'avais envisagé ou espéré. L'important, encore une fois, c'est que tout le monde s'accommode de la solution trouvée. Il faut donc que j'essaie de me mettre à la place de l'enfant pour que l'on chemine ensemble. Pour que l'on trouve une solution commune.

— Sortez vos cahiers, nous allons faire la dictée.
— Oh non ! pas la dictée madame !
— On a eu piscine, et la prof d'anglais elle nous a déjà fait un contrôle surprise !
— C'est pas juste.
— Vous semblez fatigués et j'entends des râlements, je vous propose qu'on fasse la dictée mais sous forme de jeu. Vous pourrez vous mettre par deux. Chaque équipe viendra défendre sa proposition pour une des phrases au tableau.
— On peut choisir avec qui on se met ?
— Oui. Vous avez deux minutes pour changer de places. Préparez vos stylos, on va démarrer.

L'idée, c'est de faire gagner la partie avec laquelle on négocie, en aucun cas de l'opprimer, ni de céder à sa demande. Cela demande un effort et, avouons-le, c'est absolument contre-intuitif. Quand un élève fait une action qui nous déplaît, qui va à l'encontre des règles, ça paraît absolument dingue de s'efforcer de lui faire plaisir. Et pourtant. Un jeune enfant qui tape des pieds et qui hurle « c'est mon jouet ! » et tente de l'arracher à son camarade, on aurait envie de lui dire : « T'es mignon, mais un, ce n'est pas TON jouet, c'est celui de la classe, et deux, on n'obtient pas ce qu'on veut en criant. Ça nous casse les oreilles. Tu es puni, va t'asseoir dans un coin, le temps de te calmer. »

(Je ne vous jette absolument pas la pierre si vous vous reconnaissez dans ces paroles, car je les ai écrites avec spontanéité, les ayant maintes fois employées moi-même. D'ailleurs, il m'arrive encore très souvent d'avoir des paroles « pas terribles », que je regrette — parfois, eh bien, nos vieux réflexes nous rattrapent. Et lorsque l'on est fatiguée ou pas en super forme, on fait du mieux que l'on peut. Je trouve cela intéressant de se poser des questions sur nos manières de faire, non pas pour nous culpabiliser mais pour nous permettre de modifier nos pratiques petit à petit.)

L'enfant qui voulait absolument le jouet ne se met pas dans cet état de gaîté de cœur. Il ne le fait pas pour nous contrarier. Il nous dit : « J'ai très, très, envie de cette poupée ! et la voir dans les bras d'un autre me fait perdre le contrôle. Je ne sais pas comment exprimer ma frustration autrement, car je n'ai pas encore appris. »

Le gronder, l'envoyer au coin, est-ce que cela va apaiser sa colère et sa frustration ? Comment en est-on arrivé à la conclusion qu'un enfant se comportera mieux en jouant sur la dévalorisation, par exemple en le punissant ? Aura-t-il appris à se comporter autrement si la situation devait se reproduire ? Non. Le fait est que pointer du doigt tout ce qui est négatif aurait même tendance à renforcer son comportement.

« Valoriser les choses positives pour renforcer les comportements attendus. »

« T'es pas très poli, dis donc ! » Plus nous insistons sur ce que les enfants font de mal, plus cela va renforcer leur comportement négatif. Si nous sensibilisons l'enfant sur un sujet, si nous nous focalisons dessus, nous le consolidons et lui donnons de l'importance. « T'es casse-pied avec le bruit de tes scratchs », « Ne mange pas la bouche ouverte », « Tu joues par terre, tu vas encore trouer ton pantalon. »

Cela veut-il dire qu'il faut ignorer ces comportements ? Non, pas du tout, mais cela indique que toute l'attention que nous portons aux choses négatives est disproportionnée. Traditionnellement, en éducation, le négatif l'emporte largement. Si nous mettions autant d'énergie et de conviction à encourager ce qu'ils font de bien, au lieu de pointer du doigt ce qu'ils font de mal (« t'es en retard », « tu n'as pas fait tes devoirs », « ton linge sale traîne par terre »), nos enfants auraient un comportement tout autre.

Dès lors que nous portons notre attention sur quelque chose, inévitablement, ce quelque chose se met à occuper de la place. Et plus nous lui accordons de l'importance, plus il grossit. Jusqu'à monopoliser tout l'espace : « De toute manière, à t'entendre, je ne fais jamais rien de bien. » En réalité, les enfants sont le reflet immédiat de l'environnement dans lequel ils évoluent. Beaucoup d'adultes vont dire : « Ce n'est pas de ma faute s'il est maladroit, bagarreur, désagréable... », « c'est de sa faute à lui s'il est comme ça ».

Mais sommes-nous prêts à recevoir une grande leçon d'humilité ? Les enfants ne sont que le reflet de l'éducation qu'ils reçoivent. Ils expriment les symptômes de ce qui a été interdit ou refoulé à la maison et dans le système dans lequel ils évoluent. Félicitons-les, encourageons-les, montrons-leur l'exemple, et nous renforcerons les comportements attendus.

Si je me positionne en négociatrice, je vais commencer par faire l'effort de comprendre les besoins de l'enfant. Rien que de les formuler à voix haute va le faire « redescendre » et le rendre plus à même de négocier.

— Tu veux la poupée ?

Je fais un pas vers lui. À lui d'en faire un à son tour.

— Viens me voir et explique-moi.
Je vois que tu as très envie de la poupée.
Tu es fâché ?

S'il s'approche de moi, c'est qu'il est prêt à « négocier ». J'entame une discussion, je l'accompagne vers l'apaisement. Je tâte le terrain et lui propose des issues possibles à sa « crise ». Car je ne négocie pas pour rien. De mon côté, j'aimerais le calme, la certitude qu'il n'y aura pas d'escalade de violence et, cerise sur le gâteau, que l'enfant apprenne à demander ce dont il a envie avec des mots.

Je commence toujours par ce que j'observe. Je décris les faits.

— Je vois que tu pleures et que tu n'es pas content.

Puis je cherche quel besoin chez lui n'est pas nourri et s'exprime par la colère. Très souvent en maternelle il s'agit d'un besoin d'attention, d'être vu et reconnu.

— Tu aimerais qu'on demande à Lycia de te prêter la poupée quand elle aura fini ?
— Est-ce que tu veux qu'on aille jouer au train en attendant ?
— Dis-moi pourquoi elle te plaît tant cette poupée ?

Si je lui dis que ses cris sont insupportables et qu'il me fatigue, il y a de grandes chances pour que cela accentue sa colère et que j'y ajoute la vexation.

Mais on ne va pas négocier tout, tout le temps, quand même ? Eh non ! Et c'est ça la beauté du système. Quelques négociations choisies vont permettre d'établir un contrat de confiance entre nous et nos élèves. Ils se sentiront écoutés et considérés (car ils le seront véritablement). Les enfants vous rendront la pareille et vous obéiront avec plaisir s'ils savent que cet accord tacite de respect mutuel est le fondement de vos rapports. Vous pourrez les embarquer avec vous pour tout un tas d'aventures car ils sauront, au plus profond, qu'en cas de désaccord vous serez en mesure d'écouter leur point de vue sans les juger ni chercher à les mater.

Lorsque la négociation est inenvisageable, ils acceptent de se plier à la règle, car ils savent qu'elle n'est pas toujours rigide ni en leur défaveur.

— La dictée aujourd'hui c'est chacun sur sa feuille, il faut que je vous évalue individuellement.
— On peut pas se mettre à deux ?
— Non. Pas cette fois. Mais quand vous avez fini, n'hésitez pas à illustrer une des phrases de la dictée en bas de votre copie.

(Il n'y a pas de mal à faire passer la pilule avec un peu de sucre.)

La plupart du temps, les enfants, même les plus turbulents, ont peur de l'adulte. Ils ont peur des punitions. Ils ont peur du regard que l'on porte sur eux et de ne pas obtenir ce qu'ils aimeraient. Pour travailler avec eux, il faut rétablir la confiance. Si on veut que les enfants s'attachent à nous et nous fassent confiance, il faut faire reculer cette peur. Cela commence par une voix calme et posée, des gestes lents et doux, une constance dans l'humeur. Pas d'action, de gestes ou de paroles imprévisibles. Pas d'agression verbale, pas d'insultes ni de jugement de valeur.

Si notre respiration est lente et régulière, cela aidera l'enfant en face à retrouver son calme et à réguler sa propre respiration. Un enfant en crise doit faire face à un pic d'adrénaline et de cortisol. Je vais l'aider à le faire redescendre en énergie et à faire remonter son taux d'ocytocine, l'hormone de l'attachement. Pour plus de bien-être et de sérénité, il faut que son niveau de stress diminue. Pour cela, je vais prendre en compte ses émotions.

Si Moussa me dit : « Je ne veux pas faire ci, je déteste l'école, Nils est trop méchant... », plutôt que de m'opposer à ce qu'il dit, je vais aller dans son sens et lui retourner la question :

— Tu n'aimes pas l'école ? Tu aimerais faire quoi à la place ?
— Nils a fait quelque chose qui t'a déplu ?

(Notez que je reformule ; aller dans son sens ne veut pas dire renoncer au principe fondamental, de jamais juger les personnes. Untel n'est pas méchant, il a eu un comportement que Moussa n'a pas apprécié.)

Je rejoins Moussa pour essayer de comprendre son mode de pensée, pour qu'il sente que je suis à l'écoute. C'est la première étape majeure afin d'atteindre mon objectif : lui parler et entamer les « négociations ». Pour dialoguer et lui proposer de cheminer ensemble, il faut que je m'assure que les émotions désagréables qui le submergent ne font pas barrage à la connexion entre nous. Pour envisager quoi que ce soit, il doit être un minimum « en paix ». Ne dit-on pas attendre que l'orage *passe*, que la colère *retombe* ? Pour l'aider à *redescendre*, je ne juge pas ce qu'il me dit. Je ne le conseille pas : j'accueille.

— Raconte-moi.
— Et quoi encore ?
— Il a dit ça ? Ça t'a fait quoi ?
— Comment tu te sens ?

Si toute l'attention de Moussa est mobilisée par une émotion très forte, il ne sera pas en mesure d'écouter, et encore moins de s'adapter et de montrer de la souplesse. Je vais l'accompagner en douceur vers la négociation.

— Nils t'a traité de gros bébé. Cela te rend triste et maintenant tu es en colère. Tu aimerais qu'il te parle gentiment. Oui, je comprends très bien que tu sois fâché, et je te propose qu'on aille lui parler. Rappelle-toi que taper, c'est absolument interdit. Nous allons parler à Nils et toi, tu fais attention à ne pas faire mal, entendu ?

« Oui, mais », « oui, et »

J'attire votre attention sur l'emploi
de ces deux mots associés : **« oui, et »** et non pas **« oui, mais »**.
Quels que soient les mots que
vous allez placer après « mais », ils vous feront faire un pas en
arrière dans la connexion.
« T'es calmé, **oui, mais** je te rappelle que deux secondes plus tôt
tu donnais des coups de pieds ! »

« Oui, cette robe te va très bien, **mais...** »
Vous vous doutez bien que ce qui va suivre va instantanément
remplacer et faire oublier le compliment. C'est trop tard, même si
vous ajoutez, si, si, je t'assure, elle te va très bien,
vous avez perdu votre interlocutrice.

À retenir

Le gagnant-gagnant

Lorsqu'un élève a une action qui nous déplaît, on va s'efforcer de lui faire plaisir et d'accéder à une partie de ses besoins et de ses demandes afin de favoriser l'entente, plutôt que de le contraindre à arrêter ou à faire quelque chose pour nous satisfaire. C'est très différent.

Les enjeux de nos interactions doivent mener à une entente et non à un gagnant et à un perdant. Le marché conclu doit satisfaire tout le monde sans pour autant que je renonce à mes principes et à ce qui est non négociable pour moi.

JE VEUX GRIMPER SUR LE PONEY !
Non, tu ne peux pas grimper sur poney, tu cesse de crier !

Pour déjouer les demandes intempestives qui submergent parfois les enfants, on peut leur offrir en imaginaire ce qu'on ne peut (ou veut) pas leur donner en vrai. Entamer une conversation, s'intéresser à ce qu'il ou elle dit nourrit le besoin de partage ou d'être pris en compte.

QUELQUES ASTUCES À OFFRIR DANS LA BALANCE DES NÉGOCIATIONS

Quand, alors

Quand tu auras fini ton exercice, alors tu pourras fabriquer des toupies.

Quand j'aurai toutes vos copies sur la table, alors nous débuteront les expériences.

Offrir un choix : soit ça, soit ça.

Soit tu es assis sur le banc comme il faut, soit tu prends une chaise.

Soit tu laisses tes scratchs tranquilles, soit tu enlèves tes chaussures.

D'accord, et.

D'accord, on se donne la main trois par trois et on marche en silence dans le couloir.

Entendu, tu retires ton gilet et, cinq minutes avant la récréation, tu le remettras.

Offrir en imaginaire ce qu'on ne peut pas donner en vrai.

Tu en a marre de travailler ? Ce serait bien une école où l'on peut jouer toute la journée ?

Laisser les élèves rêver et les accompagner dans leur imaginaire.

Tu aimerais quoi à la place ? Comment tu imagines ceci ? Moi ce qui me plairait ce serait... Et toi ?

Si j'avais une baguette magique, je... Et toi, tu l'utiliserais pour quoi ?

Le plaisir est identique à celui que l'on prend à imaginer avec quelqu'un ce que l'on ferait si on gagnait des millions à la loterie. Un enfant râle parce qu'il n'obtient pas ce qu'il veut ? Qu'à cela ne tienne, nous allons le lui offrir « pour de faux ». C'est très puissant. Il vous sera très reconnaissant de participer à ce jeu. Il aura le sentiment d'avoir été reconnu dans sa frustration de ne pas avoir obtenu ce qu'il réclamait. Comme souvent, lorsque l'on râle, c'est que l'on aimerait que quelqu'un nous écoute et s'occupe de nous.

N'oublions pas cependant de verbaliser avec fermeté ce sur quoi on ne sera pas prêt à négocier.

Je ne m'occuperai de toi et ne t'écouterai que si tu me parles gentiment et sans crier. Je ne discute pas avec quelqu'un qui crie. Si tu veux continuer à hurler, tu peux le faire dehors, dans le couloir.

Je n'accepterai jamais de me faire taper.

Il est hors de question de détruire le matériel de la classe.

Mettre à plat ses conditions et prendre en compte celles de l'enfant, même et surtout s'il n'est pas capable de les formuler.

Je ne te toucherai pas. D'accord, tu n'es pas obligé de t'asseoir.

ÉCOUTER L'ENFANT POUR QU'IL PARLE[7]

J'écoute mes élèves. C'est l'une des choses les plus difficiles et les plus prenantes de mon métier. Cela me demande beaucoup d'efforts et d'attention. C'est un travail épuisant, car les enfants ont beaucoup de choses à dire.

À trois, quatre ou six ans, les mots se bousculent dans la bouche, sont écorchés ou inventés. On pourrait croire qu'ils n'ont pas de logique. Cela m'oblige à tendre l'oreille. Et puis, les élèves prennent la parole quand ils en ont envie. Leurs commentaires ne sont pas toujours à propos, ils tombent rarement au bon moment. Pourtant, ils sont chargés de sens et sont le terreau fertile d'un lien fort et d'une confiance réciproque.

« CAS D'ÉCOLE »

Lakhena est bavarde. Elle a beaucoup de vocabulaire, une excellente syntaxe, mais je la comprends rarement du premier coup. Zéro articulation.

— Jopetédé. Jé toué la boue solé tiwawe.

Elle vient de me couper la parole, alors que j'explique un truc super, hyper important. Il manque déjà des pièces au jeu tout neuf que j'essaie de leur présenter, et accessoire-

7. Le titre de cette section est inspiré de l'ouvrage de Faber et Mazlish *Parler pour que les enfants écoutent, écouter pour que les enfants parlent* (éd. du Phare), que je recommande vivement. Il aborde le sujet de la communication avec les enfants de manière claire et ludique, sous forme de BD et à travers des exemples concrets.

ment, je n'ai pas pris de petit déjeuner. Mauvais combo. Face à son commentaire, j'aimerais bien botter en touche, parce que ce matin je manque clairement de patience.

Plusieurs options s'offrent à moi :

1. Je pourrais, sur un ton sans réplique, lui interdire de parler.

— Lakhena, écoute les consignes
en silence s'il te plaît. Ce n'est pas
le moment de discuter.

2. Je pourrais la laisser répéter sa mélopée sans y prêter vraiment attention.

— Métesse ! Jopetédé. Jé toué la boue solé tiwawe.
— Hum…

Je reçois l'information, mais ne donne rien en retour.

3. Par paresse, je pourrais faire semblant de comprendre pour qu'elle ait l'impression que je m'intéresse à elle :

— Ah oui ? Solé tiwawe ? D'accord.
— Lé touvé la boue sous lé tiwawe.
— Oui, oui, la boue. Il a plu ce matin. (Mais de quoi me parle-t-elle ?)

Mais, parce que je la considère, je choisis de l'écouter pleinement. Je fais l'effort. Je lui donne toute mon attention. Je mets le reste sur pause.

— Tu peux répéter Lakhena s'il te plaît,
je n'ai pas compris ce que tu as dit.
— Jo petédé.
— Pétédé ?
— Edé !
— Tu peux m'aider ?
— Oui ! La boue !
— La boue dehors ?
— Non, la boue du jeu.
— Ah ! la boule du jeu ! Bou-le.
— Boule. Je lé touvé.
— Tu l'as trouvée ? Elle est où ?
— Là, sous les tiwawe.
— Sous les tiroirs ! Merci Lakhena! Moi qui pensais qu'on l'avait perdue !

Plus j'écoute mes élèves, mieux je les comprends et plus je leur prouve que je les estime. Et ils me le rendent au centuple. Conscients de la valeur de leurs mots, ils disent des choses de plus en plus intéressantes. Se sentant écoutés, ils font des efforts de communication et répondent même à mes attentes. C'est donnant-donnant. Malgré les hésitations, les répétitions, les difficultés d'élocution…, leurs discours en apparence anodins peuvent être passionnants pour qui prend le temps de tendre l'oreille.

Rosalie :

— Pourquoi meuh la tété ?
— Tu parles des pis de la vache ?
— Pourquoi tété?
— C'est une très bonne question !
Les enfants, Rosalie demande à quoi servent
les pis, là, que vous voyez vous le ventre
de la vache.

J'écoute, puis je reformule. En les écoutant, je leur apprends à parler.

Cameron baigne dans trois cultures différentes.

— Pi-on ! Pi-on !
— Oui, Cameron, tu entends une sirène ?
— What, maîtresse ? Pi-on, pi-on !
Maîtresse ! What? Pi-on, pi-on ! Maîtresse !
— Tu me demandes quel véhicule c'est ?
— *What?*
— C'est une ambulance.
— Péin, péin, péin ! What?
— Une voiture de police.
— *Vvvvvv ! What?*
— Un scooter ?
— *La !* (Non en arabe) Vvvvvv !
— Ah ! Une moto ?
— *Nem !* (Oui en arabe) ! Vvvvvv !

Ce matin, il n'y a plus que Lakhena et moi en classe. Nous attendons sa mère, ou son frère, ou sa sœur... La famille a une petite tendance à être en retard. Nous jouons à un jeu de société. Je lance le dé.

— Tiens, c'est à ton tour de jouer.
— Momo é bavaille. Lé toujou tiste que je si sale.

Oh ! purée, je comprends rien. Je n'ai plus envie d'enfiler des perles sur la queue de la chenille : j'ai envie de rentrer chez moi.

— Momo est en retard parce qu'il travaille ?
— Oui, lé toujou tiste que je si sale.
— Seule. Seu-le. Ça te rend triste d'être la dernière c'est ça ?
— Oui.

Se sentir écoutée, cela permet de s'autoriser à se confier. Finalement, je ne suis plus si pressée que ça de partir.

Cameron :

— Maîtresse ! Pi-on, pi-on, pi-on, pi-on ! What? Maîtresse ?
— Oh ! La ferme, Cameron ! Joue en silence s'il te plaît.

Ça va ! Je rigole, jamais je ne dirais ça ! Promis ! Je résiste toujours à cette tentation ! Parfois, en revanche, c'est si simple de faire semblant de n'avoir rien entendu...

Imrane :

— Caca, pipi, lalala. Cacaboudin.

Je vérifie qu'il ne s'adresse à personne. Non, il chantonne en dessinant. Pour une fois, je crois que je vais tout bonnement l'ignorer. N'oublions pas qu'il a trois ans.

ENCOURAGER L'ÉCOUTE : LA CLÉ D'UN BON CLIMAT DE CLASSE

Le climat de classe selon moi dépend beaucoup de l'accueil que reçoit la parole des élèves. Il y a des classes où l'on sent que les élèves peuvent se permettre de petites plaisanteries, s'autorisent à poser des questions, à évoquer leurs problèmes, et prennent plaisir à débattre. L'ambiance est détendue, sympathique. La parole est libre. On a envie d'y rester un peu et de profiter de l'atmosphère. On s'y sent en sécurité.

Dans d'autres classes, les rapports sont plus tendus. Les petites phrases blessantes fusent. Les élèves ne sont pas très bienveillants les uns envers les autres. Ils se coupent la parole, la maîtresse intervient souvent et demande aux enfants de se taire. Tout le monde est sur le qui-vive, à l'affût des erreurs ou des attaques.

— Il m'a dit ça !
— Elle a fait ci !
— Wendy elle me dérange.
— Thierno il veut pas partager les feutres !
— Taisez-vous !
— Arrêtez !
— Ça suffit ! Parlez-vous gentiment.
— Ne dis pas ça !

Et si la qualité de notre écoute pouvait influer sur le climat de la classe ?

C'est très agréable d'être écouté. Je dirai même plus, ça apaise. Je m'explique. Si j'ai l'impression que ce que je dis n'intéresse personne, pourquoi est-ce que j'écouterais à mon tour ? Si, quand j'ai une remarque à faire, on me demande de me taire, ça ne va pas me donner très envie de participer. Apprendre à se parler gentiment, cela s'apprend et cela commence par l'écoute.

Citez des animaux qui commencent par le son A !
Alligator !
Abeille !
Agneau !
Alligator !

On ne répète pas, on réfléchit !
On l'a déjà dit !
On l'a déjà dit !
On l'a déjà dit !

Encourager toutes les prises de parole, même les plus infimes, valorise les petits parleurs et leur donne envie de participer. Cela rassure. Rabrouer un élève (même gentiment) aura l'effet opposé et jouera imperceptiblement sur l'ambiance de classe et le sentiment de sécurité. (Je ne vais pas risquer de prendre la parole, au cas où on se moquerait de moi.)

FAIRE RÉPÉTER LES ACQUIS

Répéter ce qui a été dit ne veut pas forcément dire que l'enfant, surtout s'il a trois ans, n'a pas écouté et qu'il n'est pas concentré. Bien au contraire, je suis ravie que les enfants répètent. Rien ne sert de lui faire remarquer qu'on l'a déjà dit. D'autant plus qu'il a raison, « alligator » commence bien par le son « A ». Il est plaisant de verbaliser ce qui vient juste d'être compris. L'enfant est content de participer. Un signe de tête, un sourire, un « oui, tu as raison » vont l'encourager à participer davantage. Quand on apprend à parler, ce n'est pas une « erreur » de répéter mot pour mot ce qui a déjà été dit, c'est une manière de s'approprier du vocabulaire, de le mettre en bouche, d'articuler du nouveau lexique.

L'enfant emmagasine ce qui lui est proposé. Il engramme un nouveau mot, et si ce n'est pas lui, ce sera son voisin à qui cela ne fera pas de mal de réentendre « alligator ». Si le vocabulaire est nouveau pour eux, ils auront d'autant plus de chance de le retenir qu'ils l'auront prononcé plusieurs fois. Encourageons-les en leur signifiant qu'on les a entendus. C'est ça, « alligator », tu le prononces très bien.

PRATIQUER L'ÉCOUTE EMPATHIQUE

Écouter un enfant est plus difficile qu'il n'y paraît. Car il y a écoute et écoute. On peut écouter sans vraiment prêter attention à ce qui est dit : l'autre parle, on ne l'interrompt pas, mais quand il a fini, on passe à autre chose.

Et puis il y a l'écoute empathique. Je la réserve aux moments chargés en émotions, où les élèves rencontrent une difficulté qui les bouleverse. Cela demande effort et concentration, et l'intention que l'on prête alors à la discussion est primordiale. C'est une écoute qui demande d'être attentif et présent à l'autre à 100 %. Il s'agit d'accorder toute son attention, de se mettre à la hauteur de l'enfant et de lui signifier oralement : « Je t'écoute. »

Les distractions alentour sont alors mises entre parenthèses. J'arrête ce que j'étais en train de faire, je pose mon téléphone ou mon stylo. Je suis prête à écouter. Et si, pour *x* raison, je ne le suis pas, je le lui dis et lui indique quand je serai disponible :

> — Pour le moment, je ne suis pas disponible, mais dès que j'aurai fini de remettre les chaises à leur place, je suis à toi.

Enfin toute à l'enfant, je vais prêter attention à ses paroles et essayer de comprendre ce qu'il me dit, ce qui se passe pour lui à l'intérieur. Pour ce faire, je reformule ce que j'entends. Sans prendre parti ni donner mon avis. Mon intention est d'être neutre et bienveillante. Je peux poser des questions pour être certaine de bien saisir ce qu'il ou elle me relate. Je répète ce que dit l'enfant. En cas de doute, je demande des précisions. Je reformule ce que pense et ressent l'enfant. J'essaie de trouver avec lui ce dont il aurait besoin. En somme, je l'aide à synthétiser le problème, à mettre des mots sur ses émotions et, s'il le souhaite, à trouver des solutions.

Plusieurs fois par jour, les enfants me confient leurs peines. J'y vois un gage de confiance.

« Léo n'est plus mon copain. » « Maman ne veut pas m'acheter de nouveau cartable. » « Je veux voir Papa. » « J'ai mal au ventre. » « Ma sœur refuse de me donner la main devant ses amis. »

C'est une composante indissociable du métier que l'on ne peut pas ignorer. Les instits' sont sollicités à longueur de journée par leurs élèves qui ont des chagrins, des bobos, des contrariétés. Ils nous en font part en particulier à la récréation, qui tourne parfois au bureau des réclamations et des pleurs.

J'avais tendance à les plaindre, à essayer de les réconforter : « Mais si, c'est ton copain, vous jouiez ensemble il y a cinq minutes. » « Ne t'inquiète pas, tu lui feras un bisou ce soir à ta maman. » « Tu sais que ton papa est au travail. Il viendra te chercher après le goûter. » « Mon pauvre, tu as mal au ventre, mais ce n'est rien, ça va aller. »

J'essayais de rationaliser leurs inquiétudes, de trouver des solutions à leurs problèmes, de minimiser leur peine pour qu'ils se rendent compte que ce n'était pas si grave. Avec beaucoup de douceur et de bienveillance, je les plaignais, tentais d'amoindrir leur douleur.

Mais cela ne marchait pas. Les enfants ne voulaient pas me lâcher, ils pleuraient toujours, revenaient avec un souci supplémentaire. Pour être honnête, cela m'a fait perdre patience plus d'une fois. Intérieurement, il m'est arrivé de penser : « Oh ! Il me saoule avec cette histoire. » « Si j'entends encore une fois "j'ai un bobo au doigt" alors que je ne vois rien du tout, je vais péter un câble. » Avec le recul, je me rends compte que mon aide n'était pas efficace.

Quand quelqu'un partage avec vous sa peine, il n'attend pas de vous que vous lui apportiez une solution, ni que vous lui parliez de ce qui va se passer dans le futur. Si je viens de me faire plaquer, je n'ai pas envie d'entendre que je retrouverai rapidement quelqu'un. Encore moins de savoir ce que l'autre ferait à ma place.

— Inscris-toi sur un site de rencontres !
Rappelle-la, bats-toi !

Non. Si je souffre, j'ai juste besoin d'être reconnue dans mon émotion. C'est la seule chose qui peut me faire du bien et alléger mes souffrances.

Il n'y a rien de tel que d'avoir quelqu'un capable de reformuler ce que l'on ressent et de parler de nos besoins qui ne sont pas assouvis à ce moment-là.

— Elle te manque ? Tu es très triste ?
— Oui, je suis désespérée.

METTRE DES MOTS SUR LES ÉMOTIONS DE L'ENFANT

Mon astuce avec les enfants est de les écouter et d'essayer de mettre des mots sur les émotions qu'ils ressentent. Ce n'est pas toujours évident, et il m'arrive de tâtonner en émettant des hypothèses.

Maya fait une drôle de moue. « Tu es déçue ? – Non. – Tu regrettes ? » Si la personne ne répond pas, c'est que ce que vous dites ne correspond pas à ce qu'elle ressent. Cela ne lui fait rien. Cependant, essayer de formuler ce qu'elle ressent, c'est déjà lui offrir un beau cadeau. « Je suis là pour toi, je suis à ton écoute. »

Quand on met le doigt sur l'émotion en question, « Tu te sens honteuse ? », généralement la personne, dans un élan spontané, vous répond : « Oui ! ». Le soulagement de l'enfant est presque palpable lorsque l'on a mis le doigt sur ce qui n'allait pas.

« CAS D'ÉCOLE »

En récréation, cela va donner :

— Maîtresse, il a pris mon marron.

Cameron pleure. Il a les poings serrés et le menton baissé. Je pourrais lui dire que des marrons, il y en a partout, qu'il suffit qu'il se baisse pour en prendre un autre. Mais je tente une autre approche :

— Tu es triste de ne plus avoir de marron ?

Il hoche la tête, les larmes tarissent instantanément et il repart en sautillant. Apparemment, cela lui a suffi. Il n'était pas venu chercher de l'aide ni un conseil, n'avait pas besoin que je fasse justice. Il avait simplement une grosse émotion et envie de la partager, d'être en connexion avec un être humain qui comprend ce qu'il traverse.

« CAS D'ÉCOLE »

Moussa est furieux. Il tape du pied et hurle en se roulant par terre. Apparemment, si j'en juge par ce que me racontent ses camarades, il est tombé au foot.

— C'est pas du jeu.
— En plus il avait rien fait.
— On n'a pas le droit de tacler.
— C'est Jahyanne, elle a fait exprès !
— Non même pas vrai, elle a pas fait exprès !
— Si !
— En plus il allait marquer !

Moussa hurle de plus belle. Vous visualisez la scène ? Un enfant au sol qui crie, sept autres qui me tombent dessus pour donner leur version des faits. C'est le chaos. La tentation est grande de demander à Moussa de se calmer et d'arrêter d'en ajouter. D'éventuellement confisquer le ballon, ou de dire : « Allez me chercher Jahyanne. » Mais n'ayant pas été témoin de la scène, je choisis de ne me baser que sur ce que je vois, et je formule des hypothèses.

— Moussa, tu as mal ?

Moussa ne me regarde pas et ignore ma remarque. Apparemment, ce n'est pas la douleur qui le met dans cet état.

— On n'a pas le droit de tacler !
— Cela te met en colère que les règles ne soient pas respectées ?

Ça y est, il me regarde et les cris cessent. C'était donc ça. Maintenant que sa colère a été reconnue, il est disposé à parler calmement.

À retenir

Constater et formuler **les ressentis de l'enfant**

Lorsque les enfants veulent parler d'un problème, on a tendance à tout de suite vouloir les rassurer ou à régler le souci à leur place.
À conseiller, minimiser, tenter d'apaiser
ou de trouver des solutions :
« On se calme. »
« Arrête ton cinéma, c'est rien. »
« Faites autre chose. »
« Jouez tranquillement
ou je confisque ce ballon. »
« Si vous vous disputez, tant pis pour vous. »
« Bon ça suffit ce vacarme ! »

Au lieu de cela, je pars de ce que je constate
et formule des ressentis :
« Tu as l'air fâché ? »,
« Tu es déçu(e) ? »,
« Tu es en colère parce que …? »,
« Cela vous dérange que… ? »

Astuce expresse

Répéter **mot pour mot** ce que l'enfant dit

Parfois, je n'ai ni la patience ni le temps d'écouter vraiment. Il existe une méthode que j'adore appliquer en récréation, lorsque les irruptions des élèves se font trop nombreuses. Il s'agit tout simplement de répéter ce que l'enfant me dit. Mot pour mot. C'est très plaisant d'entendre dans la bouche de l'autre ce que l'on a formulé soi-même. Et pour cause, les mots (et donc la pensée) n'ont pas été déformés ni interprétés. C'est un excellent moyen de se sentir compris(e). Cela donne :

— Maîtresse ! T'as vu mes chaussettes bleues. Elles grattent pas.
— Je vois, tu as des chaussettes bleues qui ne grattent pas.
— Oui, parce que les autres elles glissent et elles grattent. Mais pas celles-là.

Ou encore :

— Rayane il veut pas, il a dit non je joue pas et que c'est lui qui dit qui joue.
— Rayane a dit que c'est lui qui dit qui joue ? Et il veut pas ?
— Oui ! répond Jordy qui repart jouer en courant.

Vous vous doutez bien que dans ce cas, la situation n'était pas très claire pour moi non plus, mais à cet instant-là, j'ai préféré privilégier mon thé chaud à un cours de syntaxe. Et apparemment, il n'attendait rien de plus de moi.

« CAS D'ÉCOLE »

Non mais je rêve. Ils ne lâcheront rien ! J'ai beau supplier, quémander, réclamer, reformuler. Mes enfants goûtent en silence, sans rien dire. Je les connais, les petits ingrats, ils ne me diront rien. *Nothing, nichts, niente.* D'ailleurs, à les entendre, ils ne font jamais rien à l'école. Rien du tout ? Sérieusement !

— T'es resté toute la journée à l'école,
tu as bien appris quelque chose ?
— Hum…
— Hum oui, ou hum non ?
— mmm…
— Vous avez fait des choses chouettes ?
T'as vu tes copains ? Ça a été la dictée ?
— Mouais.
— Comment ça « mouais » ? C'était bien
au moins ta journée ?
— Bof.

Huit heures sur place et ils n'ont rien, rien du tout à dire. *Nada.* Pas même un petit « on a fait du triple saut » pour satisfaire la curiosité de leur maman chérie ?

— Et toi ma puce, raconte-moi ta journée.
Elle est comment ta maîtresse ?
— Ça va.

Je tartine le Nutella en ruminant ma frustration, goûter après goûter, jusqu'au jour où je m'offre un livre : *Parler pour que les enfants écoutent. Écouter pour que les enfants parlent,* d'Adele Faber et Elaine Mazlish.

L'espoir renaît. J'applique consciencieusement ce que je lis. Je renonce à assaillir mes enfants de questions. À la place, j'accueille ce qui vient.

— Bonjour chéri, je suis contente de te voir.

Puis, j'attends. Patiemment. Après trois bouchées de tartine, voilà ce que j'apprends :

— La maîtresse, c'est trop chouette, elle a mis du vernis bleu. En fait, elle change de couleur tous les jours, et elle a un truc qui brille sur les ongles du pouce, ça fait trop joli. Et on a fait des Arts plastiques avec le compas. Elle nous a montré comment faire des ronds de deux centimètres sur le papier Canson de couleur. Et puis on a mis les lettres de nos prénoms dans les cercles, comme moi j'ai cinq lettres dans mon prénom…
— Et moi, attends, je parle. Nathan, il a enfermé Lucas dans les toilettes. Même qu'il pouvait plus sortir, il a dû escalader le mur…
— J'ai fait cinq cercles. Et au premier trimestre on va aller à la piscine. Et j'aime trop les mandalas dans ma classe…
— Nathan, il a été puni. Lucas a pleuré, mais pas beaucoup. À la cantine, on a mangé des lasagnes trop bonnes… Et puis, Nathan il a lancé…

Depuis, je regretterais presque d'avoir appuyé sur le bouton…

LE CAHIER DES ÉMOTIONS

Je pense qu'il est grand temps que la connaissance des émotions et les compétences sociales et émotionnelles qui en découlent fassent partie de notre emploi du temps de classe, et que l'on y consacre un temps important.

Dès la petite section, en petits ou en grands groupes, je réunis mes élèves autour du tableau. Ensemble, nous élaborons des affiches autour d'émotions fortes qui ont été vécues à l'école ou à la maison. Petit à petit, nous abordons la peur, la joie, la colère, la sérénité, l'amour… Les enfants verbalisent, racontent, apprennent du vocabulaire. Ils prennent conscience des émotions qui les traversent eux et leurs camarades, ils s'approprient le vocabulaire et mettent des mots sur ce qui est souvent tu ou évité. Cela fait de la peine de…, c'est inquiétant quand…, je me sens calme quand… Nous mimons des saynètes, faisons des jeux de rôle, je rejoue des dialogues avec des marionnettes… Nous laissons une trace de nos apprentissages (photos, dessins, dictées à l'adulte) et nous nous y référons.

J'en profite aussi pour aider les enfants à identifier les besoins cachés derrière ces émotions.

> — De quoi pensez-vous qu'elle aurait besoin la petite fille ? D'un câlin ? Est-ce que ça lui ferait du bien qu'on lui crie dessus ?

Je mime la scène.

> — Vous me direz ce que vous aimeriez que l'on fasse ou que l'on vous dise si ça vous arrivait.

Je les aide à reformuler leurs phrases, sans jugement ni sur eux, ni sur les autres.

Avec les plus grands, l'année passée, j'ai instauré un « cahier des émotions » et nous démarrons la semaine par un temps ritualisé sur ce sujet.

Le lundi matin, nous installons les chaises en ronde au centre de la classe, et je propose une image de départ inductrice. Par exemple, une enfant hilare sur un vélo à deux roues, un autre accroupi dans un coin la tête entre les genoux… Les élèves émettent des hypothèses : que s'est-il passé ? Quelle émotion ressent le personnage ? Pourquoi ? Avez-vous déjà connu ce sentiment ? À quelle occasion ?

Ce cercle de parole a donné lieu à des moments très intenses et touchants quand des enfants se sont confiés ou ont résolu des conflits entre eux. Il n'y a rien de tel pour la cohésion du groupe et pour apprendre à regarder son voisin ou sa voisine de classe d'un œil bienveillant. Confiance et appartenance sont la clé de la réussite d'un climat de classe serein. Parler de ses émotions sans fard et avec honnêteté fait un bien fou. Cela assainit les relations. Les enfants ont beaucoup de choses à dire et à partager si on leur laisse l'occasion de le faire sans porter aucun jugement sur ce qu'ils ont à nous confier.

Au début, les réponses des enfants sont assez pauvres. À la question « comment te sens-tu ? », ils répondent « bien », ou « bof », ou « je ne sais pas ». Et puis, ils apprennent à affiner leurs réponses à mesure que leur vocabulaire s'étoffe et qu'ils prennent goût au jeu :

> — Je me sens excité parce que mes grands-parents viennent me chercher et qu'on a va au cinéma.
> — Je suis un peu inquiet parce que ma maman est malade.

Dans le petit cahier des émotions, les élèves ont pris du plaisir à creuser aussi les émotions des personnages, à inventer des histoires pour expliquer ce qu'ils ressentaient. Inspirés par leur propre vécu, les enfants ont pu revenir sur des moments tristes ou joyeux de leur existence. En lisant à voix haute les productions de chacun et chacune, le travail est mis en valeur, et cela encourage les enfants à s'investir davantage.

Ce travail permet d'apprendre à mieux se connaître soi et les autres. À comprendre comment on fonctionne et de quoi on a besoin pour se sentir heureux.

Nous avons appris à nous découvrir, à exprimer notre gratitude, à extérioriser des inquiétudes, le tout dans le respect et le partage. Se mettre à la place de l'autre, avoir de l'empathie, cela s'apprend. C'est parce que je suis capable de comprendre ce que je ressens dans certaines situations que je vais être capable de le reconnaître chez une autre personne quand elle va vivre des situations analogues. Et si j'arrive à mettre le doigt sur ce dont j'ai besoin quand je vis certaines émotions difficiles, alors je serai peut-être en mesure d'apporter mon soutien à des personnes que je vois souffrir.

5.
S'avoir s'adresser aux enfants

Je ne sais pas vous, mais moi, il m'est arrivé (et il m'arrive encore) d'avoir avec mes enfants l'impression de demander mille fois la même chose sans que rien ne se passe. Les devoirs ne sont pas faits, le dîner refroidit, les serviettes de bain mouillées ne sont pas étendues… Ce n'est pourtant pas faute de me répéter. En me penchant sur le sujet, à savoir apprendre à communiquer, je me suis rendue compte que je commettais — bien malgré moi - des erreurs. Non pas dans mes exigences de maman, mais dans ma manière de m'adresser à mes enfants.

La communication implique un échange de mots, mais aussi d'idées et d'émotions entre deux personnes. Il y a ce que l'on dit et la manière dont on le dit. À cela, il faut ajouter le langage corporel, qui peut inviter à la discussion, ou au contraire braquer ou donner envie de fuir. Un haussement de sourcil ou d'épaule peut sous-entendre beaucoup. Agacement, renoncement, provocation… De même qu'un regard ou un silence peut être glacé ou chaleureux.

Sans le savoir, les mots et les tournures de phrases que j'employais, loin de faire passer un message, bloquaient la communication. J'ai trouvé formidable de réaliser que les mots et les postures avaient un impact très puissant. Apprendre à reconnaître leur portée m'a ouvert les yeux.

Si je me place du côté de celui qui reçoit le message, et si je m'attache aux émotions que celui-ci ressent, j'ai une vision plus claire des choses. Si je m'exprime mal, je risque de braquer mon enfant, de le mettre sur la défensive et couper court à tout rapport. Communiquer efficacement permet d'avoir des échanges apaisés, des relations chaleureuses axées sur la coopération, où l'estime de chacune des deux parties est préservée. À l'inverse, une communication inefficace mène au conflit et aux tensions, les egos sont blessés et la situation s'envenime.

Sans s'en rendre compte, les mots, quand bien même on ne pensait pas à mal, peuvent être chargés de reproches, d'accusations masquées. On aimerait pointer du doigt une gêne ou un malaise, voire demander de l'aide, et l'on se retrouve bien malgré soi à faire culpabiliser ou à menacer son enfant, quand le but initial était seulement de discuter. C'est bien le plus tragique dans ces situations. On se retrouve à crier et les portes claquent, alors que justement, on aurait voulu améliorer les relations.

JEU DE RÔLE : SE METTRE À LA PLACE DE L'ENFANT

Je vous propose un exercice. Laissez-vous guider, si vous le voulez bien, dans un jeu de rôle. Arrêtez-vous un temps pour prendre des notes mentales de ce que vous ressentez au fur et à mesure, car nous en reparlerons plus bas. L'idée est de se mettre à la place d'un enfant et de ressentir ce que les différentes manières de s'adresser à lui peuvent provoquer chez lui.

Vous avez de nouveau treize ans. Je suis votre mère. Il est 19h30, je prépare le repas. C'est bientôt prêt. Je m'éloigne quelques instants de l'école et de l'environnement scolaire, mais ce que je propose en famille peut s'appliquer à tous les domaines de la vie

— T'as bientôt fini tes devoirs ?
— …
— Tu me réponds s'il te plaît ?
— …

Vous ne m'avez pas entendue ? Vous avez peut-être votre casque de musique sur les oreilles, ou bien vous êtes concentré sur quelque chose et n'avez pas envie d'être interrompu. Le ton que j'emploie, vous le connaissez par cœur. C'est sûr, je vais encore vous faire la morale. De toute manière, vous ne faites jamais rien de bien. Je rentre dans votre chambre et vous redemande pour la énième fois :

— Tu peux me répondre quand je te parle ?
Tu es sourd ? Tu le fais exprès ?

Ou encore :

— Ta chambre n'est toujours pas rangée ? Je sens que c'est encore moi qui vais finir par le faire. (*Reproche*)
— Écoute, c'est insupportable de devoir te demander toujours la même chose. Tu veux me rendre chèvre ? Tu crois pas que j'ai assez de choses à gérer comme ça ? Je ne te demande pas grand-chose. (*Culpabilité*)
— On va bientôt passer à table, t'as pas fini tes devoirs ? Qu'est-ce que t'es lent. Et puis, range ta chambre et vide ta poubelle. T'es un vrai petit porc ma parole. (*Insulte*)
— Je suis crevée, c'est pas normal que je fasse tout toute seule ici. Je trouve ça super égoïste. (*Accusation*)
— Qu'est-ce qui ne va pas chez toi ? C'est si dur de mettre ses slips dans le panier de linge sale ? Ça ne te gêne pas de vivre dans ce capharnaüm ? (*Humiliation*)
— Tu as intérêt à me ranger ta chambre si tu veux pas que je te confisque ton téléphone. (*Menace*)
— Eh ben bravo ! Chambre impeccable, devoirs faits ! Toujours à devancer mes demandes à ce que je vois. (*Sarcasme*)

Évidemment, j'exagère, je noircis le tableau. Peut-être ne parlez-vous jamais comme cela à qui que ce soit. D'ailleurs, on ne devrait jamais s'adresser à un enfant sur un ton ou avec des mots que nous ne tolérerions pas nous-même. Quelle serait notre réaction si notre patron ou patronne nous demandait :

— Le rapport est prêt j'espère ? Vous ne quitterez pas votre poste tant que ce ne sera pas terminé.
— Vous voulez que la boîte coule ?
— Madame Hanrot, s'il fallait compter sur votre efficacité, on serait dans de beaux draps !
— Vous n'avez pas fini ? Vous êtes sérieuse ? On n'a pas toute la journée ! Allez ! On se dépêche, sinon…

PRENDRE CONSCIENCE DE SES MAUVAISES HABITUDES

Même avec la meilleure volonté du monde, sans nous en rendre compte, il nous arrive à tous d'avoir des paroles ou expressions malheureuses.

— Mais c'est pas vrai, tu le fais exprès !
— T'écoutes jamais !
— Tu vas voir si tu continues !
— J'en peux plus…

Exagération, généralisation, culpabilisation, menaces, accusation, jugement, moquerie… les vieilles habitudes sont tenaces. Mais ne nous autoflagellons pas. La prise de conscience est le premier pas vers un changement radical de sa manière de parler.

Oui, mais ça marche les menaces ! Certes, les enfants vont obéir si vous leur dites que s'ils ne se brossent pas les dents immédiatement, ils vont être privés d'anniversaire. La peur aussi fonctionne très bien. Mais est-ce le mode éducatif que l'on souhaite pour nos enfants ? Pour les adultes de demain ?

Quand vous dites à un enfant que le père Nöel ne viendra pas s'il n'est pas gentil, vous rompez la confiance qu'il vous avait accordée naturellement. S'il réalise que vous ne mettez pas vos menaces à exécution, vous perdrez en plus votre crédibilité. Il ne saura plus quand se fier à vos paroles. « Tu vas voir, je vais te laisser tout seul au parc si tu ne descends pas tout de suite du toboggan. » A-t-on envie d'être obéi au prix de l'insécurité affective de nos enfants/élèves, aux dépends du lien qui nous unit ?

Voyons quelles sont les options qui s'offrent à nous.

FORMULER SES PHRASES DIFFÉREMMENT

Petit à petit, j'ai appris à formuler mes phrases différemment pour encourager la coopération.

Voici quelques exemples d'alternatives :

1. Décrire le problème : « Les craies ne sont pas dans leur boîte. »
2. Donner des informations : « Si on marche sur les craies, on ne pourra plus les utiliser. »
3. Plutôt que de grands discours, utiliser un seul mot : « Craies ! »
4. Décrire ce que l'on ressent : « Je n'aime pas voir les craies au sol. »
5. Écrire une note ou faire un dessin : « Boîte à craies ».

« OSBD »

Pour formuler une demande, la communication non violente (CNV) m'a appris à respecter quatre étapes ultra-importantes pour ne pas retomber dans les vieux schémas accusateurs. OSBD. C'est un moyen mnémotechnique pour se rappeler chacune des étapes du process d'entrée en communication quand il y a un grain de sable dans nos relations.

O – observation

S – sentiment

B – besoin

D – demande

Exemple

« Je vois des craies au sol (*observation*).
Cela me contrarie parce qu'elles vont s'abîmer et qu'on ne pourra plus les utiliser (*sentiment*). J'ai besoin d'ordre et de coopération (*besoin*). Vous seriez d'accord pour les remettre dans la boîte quand vous avez fini de vous en servir (*demande*) ? »
Est-ce que cela n'est pas plus agréable à entendre que :

« C'est pas vrai, je ne vais pas racheter des craies toutes les semaines, ça vous plairait que je jette vos manteaux au sol ? »

Autre exemple

« Lorsque l'on me tire la manche (*observation*), cela m'agace (*sentiment*), j'aimerais du calme (*besoin*), est-ce que tu peux simplement poser ta main sur mon bras si tu as besoin de moi ? (*demande*).

Est-ce que cela n'est pas plus agréable à entendre que :

« Oh, tu m'énerves à me tirer la manche, tu peux pas attendre que j'aie fini de parler ? »

Cela marche pour formuler une demander et s'adresser à un enfant, tout comme on peut l'utiliser pour aider un enfant à formuler ce qui se passe pour lui et décrypter ses besoins.

Exemple

« Je vois que tu pleures et que tu t'es assis dans un coin (*observation*). Tu as eu peur quand l'alarme s'est déclenchée ? (*sentiment*). Tu as besoin de te sentir protégé ? (*besoin*) Tu veux venir sur mes genoux ? (*demande*). »

Plutôt que :

« Ça y est, l'alarme s'est tue. C'est bon, c'est fini. Tu ne vas pas rester toute la matinée dans ton coin, viens jouer avec les copains. »

Ce n'est pas naturel au début comme démarche. Au commencement, j'avais l'impression de jouer un rôle (pour lequel je n'étais pas très douée). Et puis, petit à petit, c'est devenu une seconde nature. Même si parfois je saute des étapes ou que je formule mal mes demandes, cela m'aide considérablement dans ma vie de tous les jours. J'avais tendance à être agressive et à répondre du tac au tac au moindre désagrément. J'apprends. Je reconnais mes erreurs. Je m'amuse à m'améliorer.

S'ASSURER DE L'ATTENTION DES ENFANTS

Parfois les enfants ne semblent pas nous entendre. Peut-être qu'ils ne se sentent pas concernés. J'essaie, quand c'est possible, de me mettre à leur hauteur lors des conversations individuelles. C'est moins intimidant que lorsque je suis debout et que je les surplombe. Cela leur permet d'être attentifs et plus à l'aise pour s'exprimer en retour. S'ils détournent le regard, une main sur l'épaule peut aussi aider à les amener à se concentrer sur ce que je m'apprête à dire. Je n'hésite pas non plus à exprimer très clairement que je voudrais leur attention : « J'ai besoin que tu m'écoutes », « Regarde-moi dans les yeux ».

Avant de formuler une demande ou de donner une directive, je me connecte à l'enfant. Je m'assure que le lien est là. En anglais, cela donne : *« Connect before direct and connect before correct. »* Cela marche aussi en grand groupe.

> — Bonjour les enfants, je vois que vous êtes bien assis, est-ce que j'ai le regard de tout le monde ?

Utiliser leur prénom leur donne de l'importance et les implique.

> — Jahyanne, tu veux bien lire le second paragraphe, s'il te plaît ?

Si vous sentez que les élèves se dissipent et que leur attention fluctue, utilisez des phrases courtes. Si leur regard s'échappe et se perd dans le vague, vous êtes peut-être en train de les perdre. Reformulez plus simplement. Les longs discours ne sont pas efficaces. Restez concis.

> — Dans la rue, c'est deux par deux.

Plutôt que :

> — Attention, je vous rappelle que dans la rue, je veux un rang impeccable. Il y a des voitures et je ne veux pas à avoir à répéter dix fois la même chose. On marche le long du trottoir, je vous l'ai déjà dit et si je vois...

(Trop de mots noient les consignes).

ÉVITER LES NÉGATIONS

Si vous souhaitez qu'un enfant se retienne de courir dans le couloir ou parle moins fort et que vous lui dites : « Ne cours pas ! », ou encore : « On ne crie pas en classe ! », il ne va entendre que les mots « cours » et « crie », qui sont justement les deux choses que vous voulez qu'il cesse de faire.

Éviter les négations et utiliser des formulations positives, c'est s'assurer que le message passe sans interférences ni malentendus.

> — En classe, je parle doucement.
> — Dans le couloir, on marche.

Le cerveau est ainsi fait que l'on prête plus d'importance aux derniers mots des phrases. Ce sont ceux que l'on entend le plus distinctement et qui retiennent notre attention. Vous aimeriez qu'un enfant marche ? Éviter d'utiliser le mot « courir » semble logique. Qui plus est, les consignes claires ne sont jamais ambiguës. À l'inverse, les négations demandent une gymnastique cérébrale qui brouille le message. Il est pertinent de se concentrer sur ce que nous voulons, ou souhaitons, plutôt que sur ce que nous refusons.

Les formulations qui utilisent la négation imposent à certaines personnes un temps de réflexion parfois important. Ils envisagent d'abord l'idée épurée de la négation, puis y ajoutent la négation. Si vous recommandez à un enfant qui pleure : « Ne t'inquiète pas, tu sais bien que maman ne va pas te laisser ici toute la journée », imaginez ce qu'il va se passer en lui : « QUOI ? Maman va me laisser toute la journée ?! C'est en effet une raison majeure de m'inquiéter ! »

Si vous voulez chasser de son esprit l'absence de sa maman, mieux vaut lui dire :

> — Je suis là, je vais bien m'occuper de toi aujourd'hui.

Si vous avez déjà conclu un message ou un mail par la formulation « n'hésitez pas à... », vous avez, sans le vouloir, introduit un message négatif à un propos que vous imaginiez positif. Le « ne... pas » s'accompagne inconsciemment d'un frein, d'un interdit qui n'encourage pas le destinataire à l'action. En classe, c'est utile de se le rappeler, surtout si nous souhaitons inciter les élèves à adopter une certaine attitude.

CONSEILS POUR S'ADRESSER AUX ENFANTS

Parler positif.

Pour formuler les interdictions, il vaut mieux énoncer ce que l'enfant a le droit de faire plutôt que ce qui lui est interdit.

« Ne traverse pas sans regarder ! » devient : « Je m'arrête au feu rouge, et je regarde des deux côtés. »

« Ne t'inquiète pas, ça fait pas peur » devient : « Tout va bien, je suis là. »

« N'utilisez pas toutes les serviettes d'un coup » devient : « Une serviette suffit. »

« On ne fait pas pipi par terre » devient : « Pipi, c'est aux toilettes. »

« On ne joue pas avec les portes » devient : « C'est la maîtresse qui ouvre la porte. »

« On ne jette pas les jouets » devient : « On range doucement. »

« Ne dites pas de méchancetés » devient : « On se parle gentiment. »

« Arrête de taper des pieds » devient : « Les pieds sont immobiles. »

Proposer un choix, une alternative.

« Dans les couloirs, on marche. Tu pourras courir et sauter dans la cour de récré. »

« Tu préfères me donner la main ou marcher doucement ? »

Utiliser la tactique du « d'abord, alors ».

« Quand on aura le silence, alors je pourrai lire la suite de l'histoire. »

Remplacer « si » par « quand ».

Le « si » suggère que l'enfant a le choix de refuser, alors que le « quand » implique que ce qui est attendu sera naturellement effectué et ne laisse pas la place à la négociation.

« Si tu te brosses les dents, je te lirai une histoire », devient « quand tu te seras brossé les dents, je te lirai une histoire ».

Pour éviter que l'enfant entre en opposition, lui faire une proposition qu'il aura envie d'accepter.

« Tu pourras faire de la peinture quand tu auras rangé les rails du petit train. » Cela lui donne une raison d'accepter d'obéir à la règle sans avoir l'impression d'être « forcé » de s'y plier. S'il y voit un avantage, il sera encore plus prompt à accepter la demande.

Commencer ses phrases par « j'aimerais ».

« J'aimerais que tu remettes les chaussures de Léo à leur place » fonctionnera mieux que l'ordre direct : « Remets les chaussures à leur place. » Cela fonctionne très bien avec les enfants qui aiment rendre service, mais qui n'aiment pas recevoir des ordres.

Utiliser les formules de politesse.

De la même manière, les enfants apprécient les formules de politesse : « S'il te plaît, peux-tu remettre les chaussures à leur place ? »

Ce « s'il te plaît » marche vraiment bien. Tout le monde aime se sentir respecté. Quand j'entends deux élèves se battre pour un objet, il m'arrive d'intervenir uniquement pour leur demander s'ils ont dit « s'il te plaît ». C'est fou comme un enfant qui était prêt à mordre pour avoir un objet le cèdera volontiers si on le lui demande poliment.

« CAS D'ÉCOLE »

Lucas et Jenny se disputent la locomotive bleue :

— Donne ! C'est à moi !
— C'est moi qui l'avais en premier !
— C'est même pas vrai !
— Naaaaaan !
— Jenny, est-ce que tu as demandé « s'il te plaît » à Lucas?
— Lucas s'il te plaît, je peux avoir la locomotive bleue ?
— Oui !

Si Lucas résiste, j'ajoute :

— Lucas, s'il te plaît, est-ce que tu peux rendre la locomotive à Jenny, et Jenny, quand tu as fini de jouer avec, est-ce que s'il te plaît tu pourras la redonner à Lucas ?

Si Lucas résiste toujours, j'ajoute une limite de temps :

— Jenny, tu peux avoir la locomotive quatre minutes, je mets le sablier, puis ce sera au tour de Lucas.

Quand on s'adresse à un enfant, il ne faut pas oublier de prendre en compte son âge. On ne peut pas s'attendre à ce qu'il réponde à des questions du type : « Pourquoi tu as mordu Untel ? » En revanche, il sera davantage en mesure de répondre à une question du type : « Tu serais d'accord pour que l'on reparle de ce qui s'est passé ? » Le but est qu'il comprenne ce qu'il ne doit pas reproduire.

Quand l'enfant est en crise et hors de lui, ce n'est pas le moment de le sermonner. Plus il crie, plus je parle doucement. S'il hurle, on ne peut pas le raisonner. Attendre que la crise passe pour s'adresser à lui paisiblement.

Entendre « je comprends », « je vois que », « est-ce que je peux t'aider ? » peut l'aider à se calmer. Être l'adulte pour lui, rassurant et maître de ses émotions.

Pointer du doigt ce qui est souhaité.

Les enfants ont continuellement besoin qu'on leur rappelle ce que l'on attend d'eux. Éviter les reproches, mais rappeler ce qui est attendu.

« Arrêtez de sauter dans les escaliers » devient « On descend marche par marche. »

Petites phrases rythmées et faciles à retenir :

« Si je tape, je vais m'asseoir. »

« Si tu cours, tu me donnes la main. »

Prévenir à l'avance.

« Je vais bientôt sonner la cloche. »

« À la fin de la musique, il faudra ranger la classe. »

Dire ce qui va se passer ensuite.

« Je vais ouvrir la porte et nous allons mettre les manteaux. »

« Après, on ira en récréation. D'abord, les manteaux. »

Mettre fin à la discussion.

Parfois, dire fermement « un point c'est tout », ça marche aussi. Certains enfants sont très forts en négociation. Supplications, pleurs... ils tentent par tous les moyens de nous faire fléchir. Pour mettre court à une discussion qui met tout le monde à rude épreuve, je dis parfois : « Je ne changerai pas d'avis », d'un ton ferme et sans réplique. Ou : « On rentre à la maison. Maintenant. »

Vous gagnerez un temps fou et l'enfant saura que certaines décisions ne sont pas négociables.

Exprimer une info à la fois.

> — C'est l'heure de la récréation, posez
> votre atelier et allez mettre vos manteaux !
> N'oubliez pas de ranger votre chaise,
> s'il vous plaît !

Énorme erreur ! Il y a trop de mots dans ces phrases, et aucune hiérarchie dans mes demandes. En plus, j'ai oublié de signaler l'arrêt obligatoire à la porte, c'est criminel. Ça ne loupe pas. Non seulement personne n'a rangé sa place, mais le troupeau s'élance à l'assaut des blousons, Saël en tête. J'ai à peine le temps de réaliser mon erreur et de formuler un « Sans courir ! En marchant ! » que bam ! j'entends la chute. Saël réapparaît en hurlant, la bouche en sang. Je ne saurai jamais s'il a trébuché, s'il a plongé... Mais la lèvre est fendue, les dents rouges de sang.

La prochaine fois, je m'en souviendrai : « une seule info à la fois ».

— C'est l'heure de la récréation, rangez-vous devant la porte.

Et pour finir, lorsque je fais une remarque à un enfant, **lui renouveler aussitôt ma confiance**.

— Je sais que tu peux y arriver. Tu vas voir, ça va marcher. Je te fais confiance pour apprendre à te contrôler.

Pas de reproche d'ordre moral ni critique, mais accompagnement et encouragements. Cela va les aider à se développer harmonieusement.

SE FAIRE RESPECTER

Ce matin, un bras de fer se joue entre Carl et sa maman.

Carl, donne-moi le crocodile, tu sais qu'on n'a pas le droit d'apporter de jeux à l'école. Carl tient la figurine en plastique serrée dans son poing. Il n'est pas près de la lâcher. La maman, malgré tout, me demande si on ne pourrait pas faire une exception. Je réponds que les jeux sont interdits à l'école, mais que s'il devait garder quand même son crocodile, je le mettrais sur le haut de mon étagère et qu'il pourrait la reprendre en partant le soir.

— Allez Carl, donne-la-moi.
— Non.

La maman me supplie des yeux, elle craint une scène. Je vois bien qu'elle est tiraillée entre l'envie que son fils se conforme aux règles de l'école et celle que je l'aide à éviter la colère et les pleurs de son enfant.

— Il va faire une crise, je le sais, me prévient-elle.
— Et si vous partiez de la maison sans objet ? je suggère.
— Il ferait aussi une crise, soupire-t-elle, lasse.

Absolument. Avec Carl, la crise est, semble-t-il, inévitable. Elle est inévitable car la maman ne veut pas lui tenir tête. Elle a souvent cédé à ses demandes pour avoir la paix, pour éviter les tensions et les pleurs. Son enfant l'a bien compris et en joue. Il obtient ce qu'il veut en criant et en tapant du pied, en refusant de capituler.

Pour beaucoup de parents, voir son enfant pleurer est insupportable. Certains ont peur que les enfants les aiment moins s'ils sont la cause de leurs pleurs, qu'ils leur en veuillent ou que cela les traumatise. Or, ce ne sont pas eux, les parents, qui les font pleurer, c'est la situation. C'est le fait de devoir accepter la frustration.

Je marche sur des œufs, mais je m'autorise à glisser.

— La question est donc : À quel moment vous préférez gérer la crise.

La maman est interloquée. Elle n'avait pas vu les choses sous cet angle. Elle aurait probablement préféré que je dise : « Allez, c'est bon pour cette fois. Carl, tu peux garder ton crocodile, mais on ne le dit pas aux autres d'accord ? »

Je sens que la maman est prête. Elle est prête à entendre que Carl va probablement pleurer, mais que ce n'est pas grave. Qu'il va s'en remettre, et que sa vie ne sera pas fichue parce qu'on lui aura repris une figurine en plastique ou refusé un bonbon ou demandé de poser la tablette. Elle est prête à l'entendre parce qu'elle est à bout de patience. Les bras de fer avec son fils, ça ne peut plus durer. Je la comprends, c'est épuisant de vouloir à tout prix toujours satisfaire son enfant. Car c'est impossible.

Les règles sont les règles. Pas de jouets à l'école, ce n'est pas de la maltraitance, c'est une règle qu'impose la collectivité. Si on ne transige pas avec les règles, l'enfant arrêtera de lui-même de faire des « caprices ». Mais si on cède régulièrement à ses demandes, pas étonnant qu'il tente de faire capituler son parent en pleurant. « Ouin ! je suis trop malheureux ! La vie est trop injuste ! Vous êtes des monstres ! Ouiiiiin ! »

Ce n'est pas facile, lorsque notre affect est en jeu, de poser des limites à son enfant. Dire non, cela s'apprend en devenant parent. « Non, les figurines à l'école sont interdites. Non, tu ne t'endors pas devant la télé. Non, tu ne me donnes pas de coup de pied. » Céder peut sembler la solution de facilité. Dire oui à tout, un gage de sérénité. Hélas, cela occasionne au contraire des situations de surenchère où les enfants endossent un rôle de tyran. Alors, les parents exaspérés ont des mots qui dépassent leur pensée, en viennent à mettre des fessées lorsqu'ils sont à bout, et l'ambiance à la maison se détériore. Lorsque j'entends un parent dire : « Il ne m'écoute jamais », je le traduis par : « Je ne sais pas lui dire non. »

Plus d'une fois, j'ai entendu : « Mais pour toi gérer les enfants c'est facile, tu as de l'autorité naturelle. » Tiens donc, et qu'est-ce que c'est que ça, l'autorité naturelle ? Bizarrement, cette affirmation me vexe un peu. Dans mon esprit, quelqu'un d'autoritaire est une personne intimidante, qui utilise la peur comme arme. Qui va utiliser le pouvoir que lui confère son statut pour déstabiliser, intimider, menacer, parfois humilier ses « sujets », afin d'obtenir d'eux ce dont elle a besoin.

Un dictateur est autoritaire. On lui obéit parce qu'il est craint et parce que l'on a peur des conséquences si l'on se fait attraper en cas d'insubordination. C'est tout le contraire de ce que je recherche en classe. Lorsque l'on fait preuve d'autorité brute et brutale, les élèves n'ont plus que deux choix : la soumission ou la rébellion. Un élève soumis ne va pas « kiffer » d'être en classe. Un élève rebelle, je ne vous fais pas un dessin… il risque de vous mener la vie dure.

Je ne crois pas avoir d'autorité naturelle. En revanche, je suis très ferme sur ce qui est permis et ce qui ne l'est pas. Ça oui. Je ne me fais pas beaucoup chahuter en classe, et je n'ai pas besoin d'élever la voix pour me faire entendre. Mais à quoi cela tient-il ? Est-ce que je fais peur aux élèves ? Non, je ne suis pas intimidante. En revanche, je suis très au clair avec ce qui est autorisé et ce qui est interdit. Le chahut, les cris, le manque de respect (envers moi et envers les autres), par exemple, sont absolument proscrits.

PARLER À L'ENFANT COMME ON AIMERAIT QUE L'ON NOUS PARLE

« CAS D'ÉCOLE »

8h25. Je suis dans l'entrebâillement de la porte et j'accueille les élèves et leurs accompagnateurs. Dans la classe, deux enfants encore un peu endormis hésitent sur l'activité qu'il leur plairait de faire. Ils discutent à voix basse lorsque Maxime, excité et très réveillé pour le coup, entre en classe en tourbillonnant et fait une glissade sur les genoux en riant. Il est de bonne humeur, il est content d'être là, il fait rire ses copains. Il ne cherche ni à me nuire ni à me défier, il a simplement été happé par l'appel de la classe vide, du sol lisse et brillant.

Plusieurs choix s'offrent à moi :

Me fâcher et punir l'enfant. Je lance à voix haute : « Maxime, tu rigoles ? Tu sais très bien que ce n'est pas comme ça que l'on entre en classe ! Va t'asseoir sur une chaise, tu es puni. »

Se fâcher contre un enfant, isoler, punir, ne servent à rien. On le saurait, si l'isolement permettait à un enfant de changer son comportement.

Ignorer l'enfant. Un autre parent voudrait me parler, d'autres enfants arrivent que j'aimerais saluer. Après tout, je peux faire comme si je n'avais rien vu. Il est tôt, je n'ai pas envie de me fâcher de bon matin. Je n'interviendrai que s'il recommence.

Autre option : **m'approcher et m'adresser à lui seul.**

— Maxime, je te rappelle que l'on entre dans le calme et en marchant dans la classe. Les glissades sont interdites.

S'il fait semblant de ne pas m'entendre ou détourne son regard, j'insiste :

— Maxime, tu as entendu ? Je voudrais que tu te déplaces en marchant.

Un regard de sa part me suffit. Je n'attends pas qu'il s'excuse ou qu'il me réponde. Je veux juste m'assurer que mon message est passé. Je n'ai pas eu besoin de le reprendre en public, je ne l'ai pas humilié ni menacé. **Je lui ai simplement rappelé la règle d'un ton calme mais ferme.**

D'une certaine manière, **je m'adresse à lui comme j'aimerais que l'on me parle** si j'enfreins moi-même une règle. Si un policier m'arrête en hurlant : « Vous vous croyez où ? Sortez vos papiers ! », quelle que soit l'infraction que j'ai commise, j'aurai envie de l'agresser en retour, ou du moins, de serrer les dents en me retenant de l'insulter. Si, en revanche, il s'adresse à moi en me disant : « Je vous rappelle que l'arrêt au stop est obligatoire. », cela ne déclenchera pas en moi les mêmes émotions.

Transposition dans le monde des adultes

J'aime beaucoup transposer les exemples avec les enfants dans le monde des adultes parce que cela est très parlant. Nous nous permettons de nous adresser aux enfants d'une manière que nous ne tolérerions pas nous-mêmes en tant qu'adultes.

Imaginez un conjoint qui hurlerait à sa femme :

> — Sors du bain ! Je te l'ai dit mille fois ! Le repas va refroidir !

Un patron à son employé :

> — Mais vous le faites exprès Durand ! C'est quoi ce rapport plein de tâches ?

Un caissier à un client :

> — Je n'ai pas toute la journée, c'est pour aujourd'hui ou pour demain ?

Ou un homme à son ami :

> — Tu me saoules avec tes écouteurs, tu peux pas baisser le son ? T'es pas tout seul ! »

COMMENT FAIRE SI L'ENFANT RECOMMENCE

Oui, mais si l'enfant recommence ? Bien sûr, cela peut arriver. Et cela arrive très souvent. Comment réagir dans de telles situations ? Certains enfants ne sont pas habitués à ce qu'on les traite d'égal à égal, en leur parlant comme on le ferait à un adulte. Ils se disent peut-être que tant que l'adulte ne crie pas ou ne lève pas la main, ils peuvent continuer à pousser le bouchon. Ils testent nos fameuses « limites ».

Lorsque les miennes sont atteintes, que le rappel à la règle a été donné une, deux fois, et que le comportement ne suit pas, j'ôte un privilège. S'il dévale les escaliers à chaque récré, je lui demanderai de me tenir la main pour descendre. S'il refuse de fermer les bouchons des feutres, il devra se contenter des crayons de couleurs. S'il parle trop fort et chahute avec son meilleur copain, il devra s'installer loin de lui.

« CAS D'ÉCOLE »

Dans ma classe, on ne fabrique ni pistolet ni épée avec les jeux de construction. Est-ce que cela veut dire que tous les enfants vont se retenir d'en faire juste parce que j'ai énoncé cette règle ? Évidemment que non. Quand on a cinq ans, la tentation est trop forte face à une tour de Lego de faire « pan ! pan ! »

Je n'ai pas la formule magique pour qu'ils s'arrêtent net. Cependant, si un enfant continue de faire des pistolets alors que je lui ai répété la règle, je lui dirai :

> — Tu vois, dans la classe, c'est interdit de jouer à la guerre, donc je vais ranger ce jeu. Tu pourras l'utiliser une prochaine fois, quand tu accepteras les règles de la classe.

Il se peut que l'enfant se mette alors à s'énerver contre moi, trépigner et même pleurer. C'est son droit, et je le laisserai faire. Mais je ne vais pas fléchir, car les règles, ce sont les règles. Si sa frustration est trop grande et s'il n'arrive pas à se calmer, je lui proposerai alors une autre activité ou lui changerai les idées en le prenant par la main pour lui montrer quelque chose d'autre, parce que les Lego, ce sera fini pour la journée.

Taper aussi, est interdit.

— Si c'est trop difficile pour toi d'être assis sur le même banc que Léon sans lui donner des coups de pieds, alors je te propose une chaise sur le côté. Tu pourras t'asseoir sur le banc quand tu seras capable de te retenir.

Je ne laisse pas un enfant qui tape près de celui qui s'est fait taper. À ce moment-là, pour bien montrer à quel point ce que je dis est important, je me mets à la hauteur de l'enfant et le regarde dans les yeux. Léon a le droit d'être en sécurité à l'école, et il est hors de question qu'il vienne à l'école en ayant peur qu'on lui fasse mal.

Rania s'apprête à mordre ? Je lui rappelle qu'il est absolument interdit de mordre.

— Pour l'instant, tu vas rester à côté de moi et on va travailler toutes les deux.

Rester à côté de moi ? Je lui offre ce qui peut paraître un privilège, alors qu'elle fait n'importe quoi ? Oui. On a tendance à isoler les élèves qui n'ont pas l'attitude attendue ; or, en gardant Rania à mes côtés au lieu de la repousser, je vais lui permettre de détourner son attention et de retrouver un comportement adapté. À l'inverse, en isolant ou punissant un élève, on le renvoie à une image très négative de lui-même.

Un jeune enfant ne mord pas pour être méchant, il mord car il n'arrive pas à retenir une pulsion et ne sait pas exprimer autrement sa colère ou sa frustration. Son cerveau n'est pas assez mature pour lui permettre de gérer la situation autrement. Avec le temps, un bon accompagnement et l'acquisition de la parole, il apprendra à se réguler.

Si je veux l'aider à grandir et à gagner en maturité, lui montrer l'exemple et lui apporter du soutien sera plus efficace que de le repousser. C'est mon rôle de l'accompagner non seulement dans les apprentissages scolaires, mais aussi dans ceux du vivre-ensemble. C'est mon rôle de lui montrer qu'il n'est pas seulement mordeur, de l'aider à redorer son image, car il n'est certainement pas fier d'avoir mordu. Il sait probablement qu'il a été trop loin. Est-ce que je veux le stigmatiser et le cantonner à un rôle d'enfant violent, ou bien l'aider à changer son comportement ?

Mais arrête !!
Tu casses ma tour !

Dis donc,
c'est pas gentil ça !
File de là !
Allez, file, arrête
d'embêter Léon.

Lorsqu'un élève fait « son intéressant », n'encourageons pas son comportement inapproprié en lui accordant ce qu'il recherche, à savoir : toute notre attention. Les conséquences de son geste ne sont plus : « On me gronde, on me court après, je suis le centre d'attention », mais : « Personne ne me regarde, c'est celui que j'embêtais dont on s'occupe ». C'est le meilleur moyen de ne pas renforcer ce comportement, voire, à terme, de l'éteindre.

S'ADRESSER À LA CLASSE, AU GROUPE

Parfois, le ton de la voix peut venir en soutien de la parole pour marquer le coup. J'ai souvent le sourire aux lèvres, mais quand il s'agit de rappeler que l'on ne tape pas, je vais ralentir mon débit et bien articuler, et je ne souris plus du tout. C'est une affaire sérieuse, alors j'en ajoute. D'une certaine manière, je vais jouer la comédie, surjouer la réaction.

Poser un cadre, c'est rester ferme sur ce que l'on a dit. Non, c'est non. Certaines personnes n'aiment pas changer de ton. Elles se trouvent un peu violentes lorsqu'elles emploient un ton sans réplique. Je peux l'entendre, mais je le rappelle, il ne s'agit pas de crier. Pensez à la voix que vous auriez si un enfant se mettait en danger en s'apprêtant à traverser la rue sans regarder. C'est ce ton-là que l'on recherche. Celui qui dans la voix ne laisse pas de place à la désobéissance.

— Ne touche pas à cette casserole, l'eau est bouillante !
— Au feu, je veux que tu t'arrêtes et que tu m'attendes, même si le bonhomme est vert.

Quand un comportement est inacceptable, je pose l'interdit avec véhémence :

— Il est absolument interdit de tirer les cheveux.

Puis je réexplique s'il le faut :

— Cela fait mal et cela fait peur.

Expliquer à l'enfant ce que l'on attend de lui.

— Les tresses de Mélissa, on les laisse tranquilles. Tu peux les regarder, mais pas les toucher.

Encourager ceux qui ont parlé au lieu de taper :

— Bravo à Simon qui, au lieu de taper, a dit qu'il était fâché de ne pas avoir de place sur le banc.

POINTER DU DOIGT LES RÉUSSITES

Les bons coaches sportifs ont une précieuse capacité à encourager et à déployer l'excellence chez les sportifs qu'ils accompagnent. Ils les poussent à donner le meilleur d'eux-mêmes, leur fixent des objectifs ambitieux. Leur autorité n'est pas remise en cause. Et si, nous les PE (professeurs des écoles), prenions exemple sur eux ? Nous allons « coacher » nos élèves pour qu'ils deviennent des champions de l'école et qu'ils contribuent à la vie collective.

On a tendance à s'énerver contre ce qui ne va pas :

— Qui a laissé les feutres par terre ?
— Où sont les bouchons ?
— Pourquoi vous ne bouchez pas les feutres ?
— C'est si compliqué de mettre un bouchon ? etc.

Si l'on pointe du doigt ce qui nous plaît, c'est un gain de temps et d'énergie :

— Bravo, Binta, tu as fermé ton feutre !
— Je suis très contente de voir que Gabriella a rangé les feutres à leur place.
— Tiens, je ne vois que trois feutres qui sont bien rangés.
— Je garde ce bouchon au cas où on retrouverait le feutre qui va avec.
— Notre classe est très bien rangée, bravo !
— Ah, il n'y a plus que le coin poupées qui est en bazar. Quelqu'un sait ranger ça ? Merci beaucoup !

Les enfants ont envie de bien faire, envie d'être félicités. Ils suivront l'exemple de celui qui fait bien. À l'inverse, montrer du doigt, accuser, demander « qui a fait ça ? » revient à braquer celui ou celle qui est en faute, et ne l'aidera certainement pas à s'améliorer.

Parler positif !

Poser des limites requiert un acte fort de notre part, pas juste des paroles en l'air. « Léonie, je refuse que tu me tapes. Je vois que tu t'impatientes et que c'est long d'attendre. Je finis ma conversation et on y va. En attendant je prends ton sac. » Si c'est la première fois que son papa se montre ferme, Léonie va probablement crier et se contorsionner. « Rends-moi mon sac ! » Ses pleurs sont un mode de

communication : ils expriment sa frustration.
Elle ne lui en voudra pas de lui avoir posé des limites. Au contraire.
C'est très rassurant que son parent soit garant de ce qui est acceptable ou non.
Taper, c'est non et papa ne se laisse pas faire. Ouf !

6.
L'enfant qui désobéit

ACCOMPAGNER L'ENFANT DANS SA GESTION DE LA FRUSTRATION

« CAS D'ÉCOLE »

Nous sommes en gym. Des ateliers de saut et de lancer sont disposés à travers la salle. Des tapis délimitent les zones de prise d'élan et de réception. Avant que les élèves se mettent au travail, je rappelle les règles :

> — On marche entre les ateliers, et on fait bien le tour des tapis. C'est dangereux de traverser les tapis si quelqu'un saute à ce moment-là.

La consigne est très claire, et ce n'est pas la première fois qu'ils l'entendent. Je ne transige pas sur ces consignes de sécurité. Mais à peine ai-je prononcé les mots « vous pouvez y aller » que Mounir et Naël s'élancent en courant pour arriver les premiers au trampoline, coupant à travers les tapis de réception qu'ils sont censés contourner. La tentation est grande de leur rappeler en forçant ma voix : « Les enfants, n'oubliez pas de faire le tour des tapis ! » Ou de les interpeler nominativement pour les sermonner : « Mounir, Naël, qu'est-ce que je viens de dire ? La prochaine fois, vous irez vous asseoir sur un banc. »

Je fais le choix de prendre le temps de me déplacer d'un pas décidé, de leur prendre la main et de leur demander de m'accompagner une seconde, car j'ai à leur parler. Je ne rigole pas avec les consignes de sécurité, je veux que ce moment soit un peu solennel. Je m'accroupis à leur hauteur. Je reste très factuelle et ne leur fais pas de reproche, mais je les regarde droit dans les yeux pour qu'ils comprennent la gravité de la situation.

— Mounir, Naël, vous avez couru sur les tapis. Je vous rappelle que les tapis on ne marche pas dessus. On en fait le tour. Je vous montre.

Un enfant au bout de chaque main, nous explorons la salle. Naël, par défi, inattention ou joie pure, je ne le saurai jamais, saute à nouveau sur l'un des tapis interdits. Je répète :

— Non, pas le tapis. Ici. Par terre. Là, regarde Jahyane va atterrir. On marche ici. C'est compris ?

S'il le faut, je les reprendrai encore (je me doute bien que ce sera le cas), et si le message ne passe toujours pas, j'ôterai à cet enfant le privilège de faire les ateliers. Nous irons nous asseoir tous les deux pour regarder les autres faire.

— Tu peux y retourner si tu respectes les règles. Tu ne veux pas ? Alors tu n'as pas la permission de participer. C'est trop dangereux.
— Tu es fâché ? Je comprends, ce n'est pas agréable que l'on nous dise non. Quand tu seras prêt, tu pourras nous rejoindre. Je regarderai comment tu sautes sur le trampoline.

Rappelez-vous comme, enfant, on aimait que nos parents soient témoins de nos exploits. Pâtés de sable, descentes de toboggan, roulades... « Regarde maman ! Regarde ! Mamaaaan ! Mais regarde ! » En classe, c'est pareil : que c'est bon de savoir que la maîtresse va nous regarder. Ça gonfle un égo et décuple la motivation.

Mon rôle : accompagner les enfants afin qu'ils apprennent à gérer leur frustration. Ils ne désobéissent pas pour m'embêter, ni parce qu'ils sont foncièrement désobéissants ou insupportables. Ils le font parce qu'ils répondent à un élan, un désir de satisfaction immédiate. Je ne vais pas leur offrir une sucette pour qu'ils se calment ou leur promettre des merveilles pour détourner leur attention. S'ils continuent à crier, je ne vais pas les punir, ni les menacer de prévenir leurs parents ou de les envoyer chez la directrice.

Je vais prendre le temps et les accompagner dans l'apprentissage des règles. J'ai dit non, je vais t'expliquer pourquoi c'est non, et je vais te répéter ce que j'attends de toi.

> — Mila, je sais combien tu as envie de grimper à la structure. Je te rappelle que c'est chacun son tour. Regarde, devant toi, il y a Elia et Moussa. Descends, je vais attendre avec toi. Quand ils auront fini, ce sera ton tour.

J'énonce à voix haute :

> — D'abord Elia, puis Moussa et après Mila. Voilà, très bien, on ne pousse pas. Ne touche pas Moussa, ça va lui faire peur de tomber. Donne-moi la main, nous allons attendre ensemble.

C'est très difficile d'attendre son tour, cela s'apprend. Donner la main, rester à côté de l'enfant qui hurle va l'aider à se réguler, à accepter la frustration, car il se sentira soutenu, accompagné.

> — Tiens, regarde Simon, il n'y a pas de place à la peinture, mais j'écris ton nom sur cette feuille. Tu vois, ici il y a écrit « Simon ». Quand Cameron aura fini, tu pourras prendre sa place sur le chevalet.

Simon, feuille en main, sait que son tour arrive. Il en a la preuve concrète (sa feuille avec son prénom). Il va sécher ses larmes, il en est capable. Car oui, ne l'oublions pas, même l'élève qui nous pose le plus de problèmes va y arriver ! Ce ne sera pas sans mettre notre patience à rude épreuve, mais il faut s'en convaincre : ils ont tous les capacités d'accepter les règles. Et nous aussi allons y arriver !

La seule chose que je peux leur offrir, ce sont mes encouragements (« tu vas y arriver »), mon regard (« je te regarde : tu as de l'importance à mes yeux »), mon approbation (« bravo, tu as pensé à faire le tour »). Ça paraît peu, mais en réalité, c'est énorme. Souvent les enfants nous « cassent les pieds » car ils ont besoin de notre regard, de notre attention. Ils sont tellement habitués à ce qu'on les rabroue et les gronde qu'ils en ont parfois oublié eux-mêmes qu'ils étaient eux aussi dignes d'être félicités et appréciés. Je ne rate aucune occasion de le leur faire savoir.

— Excellent, cela fait plaisir de voir des enfants qui font la queue les uns derrière les autres ! Mélissa, tu marches, merci !
— Thierno et Maya ont mis leur manteau et sont assis sur le banc. Bravo, vous êtes prêts.

On ne pense pas assez à complimenter les enfants qui adoptent le comportement attendu. Quand je verbalise à voix haute la satisfaction de voir des enfants capables d'attendre leur tour, d'être patients ou serviables, le message est très fort. La maîtresse remarque ceux qui se tiennent bien, elle les approuve ? D'habitude elle crie et est accaparée par ceux qui font n'importe quoi. C'est curieux, elle ne s'occupe pas de Ludmilla qui refuse d'enfiler ses chaussettes, et ne dit rien à Jordy qui joue à quatre pattes au lieu d'écouter l'histoire. Et si je faisais aussi ce qu'elle veut pour être vu, validé et félicité ?

— Parfait ! Kadiatou, Lakhena et Thierno sont prêts pour l'histoire. Ah ! Imrane aussi, très bien, tu es assis en tailleur.
— Maîtresse, Jordy il est pas assis.
C'est vrai, et je ne m'intéresse pas aux enfants qui font du chahut. Je préfère m'adresser à ceux qui sont sages comme vous.

Il y a de grandes chances que Jordy en prenne de la graine.

Oui mais, s'il n'obéit toujours pas et que ses vocalises sont trop envahissantes ? Il reste une option ultime qui va peut-être vous paraître inenvisageable au premier abord. Vous êtes prête ? Au lieu d'éloigner Jordy et de le repousser, ce que l'on fait spontanément quand on est agressé (« Va t'asseoir tout seul. Sors ! Je ne veux plus te voir ! »), je propose que l'on fasse tout l'inverse : inviter Jordy à s'asseoir sur nos genoux.

Quoi ? Il empêche tout le monde de se concentrer et fait n'importe quoi et on va lui faire un câlin ? Mais ça ne va pas la tête ? Je ne vais pas lui offrir ce plaisir ! Il ne manquerait plus que ça !

Et s'il ne s'agissait pas de gagner une bataille, mais d'arriver à nos fins ? Jordy fait tout pour attirer mon attention. Je vais la lui donner pleinement. Rappelons-nous qu'un enfant d'âge maternel (et même plus grand) a besoin de se sentir en sécurité et d'appartenir au groupe. Qu'est-ce qui le motive à faire l'âne ? Probablement un sentiment de malaise, d'inadéquation. Jordy n'arrive pas à s'immobiliser, il sent que ça déraille. Quoi de mieux que du contact humain pour se sentir instantanément mieux, pris en compte et important ? Encore une fois, je ne vais pas juger son comportement ou le menacer. Je lui offre ma présence pour renouer le contact et lui permettre de recharger ses batteries. Parce qu'être en classe c'est fatiguant et exigeant. Très rarement, un enfant à qui je proposais mes genoux ou ma main me les a refusés dans des moments de tension.

C'est magique.

> — Jordy ? Tu veux venir t'asseoir sur mes genoux ?
> Sa réaction est immédiate. Il s'élance vers moi.
> — Bien, je comprends mieux, tu avais besoin d'un câlin. La prochaine fois, tu me le demandes, d'accord ? On reste sage sur les bancs, je ne veux plus te voir faire le fou à quatre pattes. Je te fais un petit câlin, puis tu rejoins les autres, d'accord ?

Imaginez la force de l'impact sur l'ensemble du groupe. La maîtresse a été gentille avec Jordy au lieu de le gronder, et il s'est instantanément calmé ! Ce sont ces quelques gestes révolutionnaires qui font que l'ambiance d'une classe sera à jamais changée. Des gestes et des paroles qui vont semer des graines d'empathie et de bienveillance.

Oui mais ! Si après, ils demandent tous un câlin ? Ça, c'est un risque à courir. Il est très probable que trois autres enfants se lèvent et vous disent « moi aussi, moi aussi ! » en se bousculant. Les enfants font très bien la part des choses. Avec Jordy, c'était un cas extrême, ils peuvent très bien l'entendre.

> — Je ne peux pas faire de câlin à tout le monde parce que c'est l'heure de l'histoire, retournez vous asseoir, c'est une histoire incroyable qui commence dans une forêt

sombre… Ophélie, assieds-toi s'il te plaît, je te ferai un câlin après l'histoire. Merci beaucoup.

Les enfants ne se vexeront pas. Ils sauront que vous serez disponible à un autre moment.

Oui mais ! Si une fois sur les genoux il continue à faire l'idiot ? Alors, pour ne pas pénaliser tout le groupe, je peux demander à mon ASEM si elle serait d'accord pour aller faire un tour avec lui, ou encore, je lui propose d'aller faire de la pâte à modeler à l'autre bout de la classe. Dans tous les cas, je lui parle à voix basse et posée.

Oui mais ! J'entends ! Parfois rien ne marche. On n'a pas les ressources, pas la patience, plus l'envie. Qu'à cela ne tienne, c'est le signe que l'histoire ce sera pour plus tard. Et qu'il faut faire tout autre chose. Si on descendait un peu en avance en récréation ? Ou si on mettait de la musique pour danser ? Quand ça ne passe pas, ça ne passe pas. Accepter que ce que l'on avait prévu doive être annulé ou reporté, cela arrive. Ne culpabilisons pas.

— Jordy, on va faire une pause tous les deux.

Parce que je sens que n'ai plus de réserves dans mon seau de l'empathie. Et d'ailleurs, les quelques grammes qu'il me reste, je me les réserve pour pratiquer de l'auto-empathie. Je reconnais ma fatigue, mon énervement, mon découragement. Je tourne la nuque dans un sens, puis dans l'autre, je respire trois fois à pleins poumons.

— Maîtresse, tu fais quoi ?
— J'essaie de me calmer car je suis à deux doigts de m'énerver. Et que je n'en ai pas envie. J'aimerais vous lire cette histoire dans le calme et le silence, parce que je trouve ça très désagréable ce bruit, et que je commence à avoir mal à la tête.

Ça ne change toujours rien ? Bon alors, ce jour-là, je n'ai rien d'autre à ajouter que « vivement que la journée se termine. » Croyez-moi certains jours, mes conseils ne marchent pas, ma bienveillance est en veille et il m'arrive à moi aussi de hurler !

— Ça suffit Jordy ! Jordy ! Tu t'assieds et tu ne bouges plus ! J'ai dit A-SSIS !

Moins on crie, plus cela méduse tout le monde (Jordy compris), le jour où l'on élève la voix.

L'ENFANT EN CRISE

Les « crises » de nos élèves revêtent de nombreuses formes. Tout au long de ma carrière, j'en ai observé de très violentes : des enfants hors d'eux, hurlant et se contorsionnant, voulant tout casser ou encore roulés en boule, tête cachée, refusant qu'on les approche. Les emportements de nos élèves sont une réalité du métier. Difficile. Bouleversante.

« CAS D'ÉCOLE »

Carl, lorsqu'il est contrarié, grogne, tape et mord. Wendy a tendance à renverser les objets, pousser du pied les constructions des autres jusqu'à les faire tomber, gribouiller un dessin qui ne lui appartient pas. Jordy, quand il est fâché, a la respiration qui s'accélère, il baisse le menton, et parle très vite en lançant des regards noirs, poings sur les hanches. Moussa, lorsqu'il est dépassé par ses émotions, s'agite, il se met à sauter, rire et faire des glissades. Il ne contrôle plus ses gestes et bouscule ses camarades sans le vouloir.

Parfois, une autre adulte peut prêter main forte ou prendre le relais lorsque l'on ne sait plus comment s'y prendre avec l'enfant. On est souvent seule en classe et l'on se retrouve parfois démunie. C'est pour cela qu'il me paraît primordial de profiter des moments paisibles pour proposer aux élèves des exercices destinés à apprendre à se calmer, à s'autoréguler quand les émotions sont à fleur de peau et se font un peu trop envahissantes.

Quand la température monte, certains signes ne trompent pas. On peut s'amuser à les décrire et les lister ensemble avec les enfants.

— Que se passe-t-il quand je suis énervée ou en colère ? On fronce les sourcils, oui ! Quoi d'autre ? On parle plus fort, on a chaud, oui ! Rayane ? Toi tu veux sortir, et tu n'aimes pas que l'on s'approche trop près de toi. Entendu. On peut trembler ou pleurer, tout à fait. Et quand ça arrive, que risque-t-il d'arriver ? On peut crier. Taper. Dire des choses que l'on va regretter. Faire de la peine à quelqu'un. Se faire mal.

J'encourage le groupe à théâtraliser la colère.

— Allez-y, croisez les bras et baissez le menton, montrez-moi comme vous êtes fâchés. Oui, Rayane, bonne idée, grognez un peu. Voilà, la colère ça peut ressembler à ça.

Apprivoisons nos émotions, apprenons à les reconnaître et à les mimer. Arrêtons de les ignorer. Car inévitablement, à l'école nous allons devoir faire face un jour où l'autre à un « pétage de plombs » d'un élève, voire d'un adulte. Les enfants en seront peut-être aussi témoins.

Que faire dans ces cas-là ? Souvent, nous sommes surpris et démunis devant des comportements inappropriés qui témoignent de la détresse de l'autre. Le malaise est si grand que nous préférons parfois ignorer les hurlements, les gestes brusques et les insultes. On assiste transi à la « crise » en espérant qu'elle passe. Vivement que la personne se calme ou qu'elle soit emmenée ailleurs.

Une fois la tempête calmée, nous reprenons nos activités, comme si de rien n'était. Car après tout, on n'y peut rien, si ? En effet, je n'ai aucun pouvoir sur ce que fait l'autre. En revanche, j'ai le choix de décider de la manière dont moi je vais réagir.

Nous avons vu qu'il ne sert à rien de chercher à raisonner un enfant pris dans la tourmente de sa colère. Mais nous n'avons pas évoqué l'après. Ne serait-il pas intéressant de faire le point sur la scène à laquelle nous venons d'assister ? De mettre des mots sur les comportements et les ressentis ? Parler, expliquer, donner son avis, mettre en lumière ce que l'on préfère taire, par gêne ou parce que l'on n'a pas l'habitude de le faire, afin de mieux comprendre ces émotions, de mieux les apprivoiser et de dénouer des tensions.

Maîtresse!
Nathan il attend
pas son tour!
Nathan!
Si tu continues
tu vas aller t'asseoir
dans un coin!
Aïe!
C'était
moi d'abord!

La patience, l'empathie, le libre-arbitre etc. sont des compétences qui s'enseignent au même titre que la numération ou l'orthographe. Il faut avoir l'occasion de s'exercer et que l'on nous montre comment faire lorsque l'on débute.

— Les enfants, j'aimerais que nous revenions sur ce qui s'est passé entre Maya et Louison dans le couloir. Maya, tu étais en colère, et tu n'arrivais plus à te contrôler. Louison toi tu as eu peur...

— Comment pourrait-on faire autrement quand on est très en colère contre quelqu'un ? Qui a une idée ?

Je vous propose que l'on explore des exercices que l'on peut faire lorsque la température monte, que l'on sent que l'on s'agace ou que la colère n'est pas loin. Nous pouvons aussi le faire quand tout va bien, pour se créer un répertoire de gestes dans lequel piocher en cas de besoin. Quand je sens que mon humeur change ou va changer, quand je perds mon calme et que le stress pointe, il existe un geste formidable qui m'aide à me calmer. C'est tout simple, et je vous propose d'essayer tout de suite.

Expirer

Je dis bien expirer et non inspirer ou respirer. Expirer lentement et longuement. L'expire forcé relâche les tensions. J'inspire brièvement et je recommence. Un long expire contrôlé. Cela me permet de faire une micropause. De prendre un temps suspendu qui me permet d'avoir un petit recul sur la situation. Ne pas être dans l'urgence, cela permet d'être dans l'action et non la réaction. Il m'arrive même de fermer les yeux pour me recentrer. Je me pose deux questions : Comment je me sens ? Et de quoi ai-je besoin ? J'expire à nouveau.

Prendre un temps d'arrêt sur image et se poser la question mentalement : que m'arrive-t-il dans mon corps. Qu'est-ce que je ressens là tout de suite ? Je tremble, je transpire, je perds mes mots, je perds patience, je suis découragée, je suis confuse, je suis vidée... J'ai besoin de calme, de soutien, de comprendre...

Regarder à l'intérieur de moi et définir mes besoins va me permettre de reprendre le contrôle sur les gestes et les paroles que je vais avoir. Je réalise que la tension monte. Quel adulte ai-je envie d'être dans cette situation ? Faire une petite pause et expirer avant d'agir m'offre ce choix inestimable de décider de la suite.

À des enfants, je dis : « Soufflez » et je leur montre l'exemple. J'expire exagérément pour qu'ils m'imitent. Je peux choisir aussi de m'étirer et de faire trois pas, les bras tendus vers le ciel. Relâcher les épaules, puis leur faire faire quelques rotations dans un sens, ensuite dans l'autre et redresser le dos. Souffler par le nez. Soupirer.

Ou encore bâiller. Oui, j'ouvre grand la bouche, et je force un bâillement. Cela devrait venir tout seul. Cela va apporter une bonne dose d'oxygène au cerveau et faire l'effet d'un coup d'air frais. Cela permet de refroidir mon cerveau et de redescendre instantanément en température. C'est un bâillement contrôlé sur lequel je porte toute mon attention. J'essaye une deuxième fois. Puis encore une autre. C'est une arme très puissante, le bâillement. Il ne faut pas s'en priver quand les contrariétés et les idées noires pointent. Cela met les pensées négatives à distance et permet d'y voir plus clair. Je peux aussi coller le menton contre ma poitrine et étirer la nuque. Très, très lentement, je fais faire un grand tour à ma tête, dans un sens, puis, encore plus lentement, dans l'autre.

— Tu fais quoi maîtresse ?

— J'essaie de retrouver mon calme, parce que j'étais sur le point de crier. Tu veux essayer ? Regarde, je lève bien haut les mains vers le ciel et je marche sur la pointe des pieds. Je me sens mieux !

(Je vais pouvoir demander calmement à Louis de bien vouloir descendre de ma chaise et remettre mes affaires dans mon tiroir.)

L'idéal est de s'exercer en dehors des moments de tension, seule ou avec sa classe. Les enfants peuvent, eux aussi, choisir parmi plusieurs activités corporelles de bien-être pour gagner en contrôle de soi. Je ne les développerai pas ici, mais je vous invite à trouver celles qui vous conviennent le mieux et que vous pourrez partager avec vos élèves ou vos enfants.

Voici quelques exemples testés et approuvés en classe :

- Respiration consciente ;
- Gymnastique douce, debout, allongé ou sur une chaise ;
- Jeux de doigts (par exemple : pouce contre pouce, index contre index et ainsi de suite) ;
- Médiation/visualisation/attention guidée ;
- Jeux d'écoute ;
- Relaxation ;
- Automassage/massages avec objet transitionnel (balle, rouleau...) ;
- Tapping/percussions corporelles ;
- Étirements/stretching ;
- Chant ;
- Jeu du parachute (jeu coopératif avec ou sans ballon et toile de parachute) ;
- Jeux d'équilibre/balancement, rotations ;
- Jeux de contraction, puis de relâchement (par exemple, serrer très fort les poings, bras pliés contre soi, puis relâchement mains ouvertes le long du corps) ;
- Isolement avec ou sans objets individuels de type balle de relaxation, fidgets, sabliers, toupies ;
- Repos/sieste.

Le point commun à tous ces exercices est de passer par le corps. On quitte le mental, pour se reconnecter à soi, à sa respiration, au mouvement, à ses membres, à ses sens. On découvre ou redécouvre les multiples capacités de notre corps. On l'apprivoise et on se l'approprie, comme un instrument dont on apprend à jouer avec de plus en plus de finesse. Dans certaines situations, c'est bien la seule chose qui est sous mon contrôle. C'est grâce à mon corps, mon souffle, ma posture que je vais pouvoir accompagner mon mental dans des situations qui auraient pu me submerger auparavant.

Il m'a insulté(e), a été mal élevé, **grossier envers moi.**

— T'es moche ! Tu sers à rien !

Pas facile de savoir comment réagir face à ce type d'agression verbale. Qu'elle soit dirigée contre nous ou qu'il s'agisse d'une dispute entre deux enfants. Que se joue-t-il dans ce genre de situation ? Quelle serait l'issue la plus intéressante pour tout le monde : indignation ? riposte ? punition ? mot dans le carnet ? Lorsqu'il y a insulte, il y a une question indéniable de prise de pouvoir qui se joue. On n'insulte pas par hasard, on insulte pour prendre ou reprendre le dessus, pour humilier, se défendre ou écraser l'autre. Et généralement, si on le fait, c'est que l'on n'est pas bien heureux soi-même. Je n'ai pas confiance en moi, j'ai moi-même été victime d'une situation (probablement dans un tout autre contexte) et je cherche à me venger et à faire subir des injustices à plus faible que moi. Si l'agresseur obtient en plus des larmes, il a ce qu'il recherchait : le pouvoir.

— Ha ! ha ! en plus t'es nul et tu pleures comme un bébé Cadum.

Pour riposter, je vous propose deux actions.

Demander à la personne de répéter ce qu'elle vient de dire.
Vous lui retirez tout le plaisir de vous voir réagir ou vous effondrer. La provocation appelle une réponse. Si votre seule réaction est de lui demander calmement de redire ce qu'elle a dit, il y a de grandes chances qu'elle ne le fasse pas. Elle n'obtiendra pas la dose de dopamine à laquelle elle s'attendait en voyant votre détresse. En plus, vous mettez en lumière son comportement, et cela devrait la mettre mal à l'aise. Qu'elle ait eu le culot de répéter ou non, vous pouvez désarmer la personne qui vous agresse verbalement, et retourner la dynamique en commençant votre phrase par : « Que veux-tu dire ? » ou « explique-moi ».

— T'es moche !
— Peux-tu répéter ce que tu viens de dire ?
— T'es moche !
— Explique-moi, tu m'insultes ? Tu as l'intention de m'humilier ? Tu cherches à me choquer ?

Une inversion de la dynamique apparaît. En demandant « tu voulais me blesser en me disant que je ne sens pas bon ? Ton intention était de me mettre mal à l'aise ? », ce ne sont plus des projecteurs que vous braquez sur elle, mais un miroir que vous lui tendez pour qu'elle y voit le reflet de son intention.

Non seulement cela donne à voir comment vous avez interprété les paroles désagréables, mais cela donne aussi la possibilité à l'autre de clarifier son intention, voire de s'excuser. Et d'**éviter une dispute.**

Dans le cas de deux élèves qui se diraient des méchancetés, on peut très bien leur montrer l'exemple et leur expliquer qu'ils ont tous le pouvoir non pas sur ce qui a été dit, mais sur leur réaction.

— Matisse il pue du cul.
— Maîtresse, Jordan il a dit que je pue du cul.
— Matisse, nous allons demander à Jordan de répéter ce qu'il a dit. Jordan, tu peux répéter ce que tu as dit ?
— …
— Tu cherches à faire pleurer Matisse ?
— Jordan, je te rappelle que les insultes sont interdites. Si tu as un problème avec Matisse, on en parle, mais il est hors de question de se dire des gros mots. Je t'écoute, tu as l'air fâché, explique-moi ce qui s'est passé.

Pas de menaces, pas de punition, juste une mise à plat de ce qui se joue, et un rappel de ce qui est permis. Et, en prime, une oreille empathique, pour essayer de démêler le fil de l'histoire.

Parler des sujets qui fâchent permet à tout le monde de faire un pas de recul et d'analyser la situation. N'écoutons pas les mots, mais plutôt ce qui se joue derrière, c'est-à-dire ce qu'ils cachent.

LES BROUILLONS DE LA COLÈRE

J'ai un petit faible pour Ralph. Je le regarde à la dérobée quand je lis une histoire. Il tripote le lobe de l'oreille de son voisin ou une boucle de cheveux de sa voisine. Machinalement, en écoutant distraitement. Ralph est un tendre.

Mais parfois, Ralph perd patience. Il traîne toujours un peu avant de se mettre au travail. Il taille son crayon dans le vide, il met une heure à écrire son prénom. Il repousse le moment de s'y mettre. Il a toujours quelque chose à dire qui n'a rien à voir avec le schmilblick. Aujourd'hui, par exemple, il doit faire des lignes de 5. Je sais, pas passionnant. Mais il faut bien s'y coller un jour. Il se relève pour la quatrième fois pour je ne sais quoi, alors que certains ont déjà fini. Il a besoin de moi pour s'y mettre :

> — Ralph, au travail. Tu commences par un trait vers le bas, le demi-rond et hop la casquette ! À toi.

Il fait un « cinq » pas trop mal, et se retourne vers moi :

> — T'as vu ? Le coiffeur m'a raté. J'ai saigné et maintenant j'ai une croûte.

Il est malin ! Il m'aurait parlé d'une figurine Spider-Man, j'aurais botté en touche, mais là, je dois avouer que je suis intriguée.

> — Fais voir ? Oh oui, dis-donc, il a dû te faire sacrément mal !

(Ralph a une croûte longitudinale à la racine des cheveux. La tondeuse a laissé un sillon de dix centimètres !)

> — Allez, continue tes cinq. Je reviens te voir dans une minute.

Quand je reviens voir où il en est, c'est la cata.

> — Ralph, mais qu'est-ce que t'as foutu ?

Ralph a gribouillé son travail. Il a dessiné des cornes, balafré sa page de zigzags. Bon, évidemment, je ne dis pas de gros mot, mais j'ai vraiment un petit choc en voyant le gâchis. Ça me fait réfléchir. Il y a bien une raison pour qu'il ait envie de massacrer sa feuille.

— Ralph, tu me dis si je me trompe, mais je crois que tu as gribouillé ton travail parce que c'est pas facile de faire des cinq. Du coup, quand t'en rates un, ça t'énerve. T'es pas content de ton travail, tu te fâches et tu gribouilles là où c'est raté. Parce que tu es déçu.

Ralph ne répond rien. Je sens que je suis sur la bonne voie.

— J'ai quelque chose à te proposer. Tu mets une feuille de brouillon à côté de ton travail. Quand tu sens que la colère monte, hop tu gribouilles le brouillon. Regarde ! Tiens, prends ça vilaine feuille ! Ça m'énerve de rater un cinq !

(Je noircis la feuille frénétiquement. Ralph sourit.)

Et tiens, ça c'est pour le coiffeur qui t'a raté ! Ralph rit.
— T'as compris ? Tu rates, t'es pas content, tu gribouilles à côté. Comme ça, tu n'abîmes pas ton travail.

Ralph se remet au boulot le sourire aux lèvres. Je l'entends griffonner à cœur joie. Son travail est impeccable.

— Maîtresse ?
— Oui, Akiko ?
— Je peux avoir un brouillon moi aussi ?

Je suis trop contente de ma trouvaille.

Que peut-il bien se passer pour nos élèves qui ne veulent pas se mettre au travail ? Ralph n'est pas de mauvaise volonté, il s'inquiète. En somme, il se met la pression. Pour d'autres, il s'agit peut-être d'autre chose. Ils ne voient pas l'intérêt de ce qu'on leur propose, ils n'ont pas bien compris, ils ne se sentent pas capables, ont mieux à faire ? Parfois une petite phrase suffira à les pousser à s'y mettre,

— Allez Maxime, au travail.

Mais parfois, rien n'y fait. Dans tous les cas, rien ne sert de gronder les enfants. Plutôt que de la pointer du doigt, je préfère chercher à comprendre le pourquoi de la dynamique d'évitement.

— Tout le monde a presque fini et toi
tu n'as rien fait du tout ?
— C'est pas vrai, tu n'as pas commencé ?
— Comme d'habitude on attend Maxime.
— C'est pour aujourd'hui ou pour demain ?

Les enfants aiment bien faire et être félicités. Tout le monde est fier de montrer un travail réussi. Être en échec, c'est déjà assez humiliant comme ça, pas la peine d'en ajouter.

Les enfants sont tous répartis en ateliers, la classe bourdonne. Ici, un groupe apprend à dénombrer en jouant à un jeu de société, un groupe peint en autonomie, Ludmilla se promène. Pourquoi joue-t-elle avec une toupie au lieu d'être à sa table ? Elle a un travail de graphisme à faire au feutre. Je jette un œil à sa place : rien. Elle n'a rien fait du tout. Ni écrit son prénom, encore moins débuté l'exercice. Dans cinq minutes c'est la récréation, tout le monde a presque fini.

Ce serait anxiogène de lui parler du temps qui passe ou de commenter sa paresse. Au lieu de cela, je pars du principe qu'elle est capable, j'ai entière confiance en elle et je vais souligner de manière positive la moindre de ses petites avancées, même les plus modestes.

— Bien, Ludmilla, tu as préparé ta feuille.

Ensuite, pour lui mettre le pied à l'étrier, je lui indique une toute petite étape facile à réaliser. Parfois c'est juste ce qui leur faut à ces élèves, le petit coup de pouce initial.

> — Maintenant prends un crayon à papier. Écris ton prénom. Voilà. Quelle couleur veux-tu choisir pour la suite ? Parfait, tu commences par une ligne bleue. Très bien.

Étape par étape, je la mets sur la voie. En découpant en petits tronçons l'activité, le tout semble moins impressionnant. La peur paralysante de la page blanche disparait.

Comme disait Mary Poppins : « *Well begun is half done* » (« Un travail commencé est à demi achevé »). À moins que ce ne soit Horace : « Commencer, c'est avoir à moitié fini ». Dans tous les cas, le plus dur, c'est de s'y mettre.

LE BIAIS DE NÉGATIVITÉ

Peut-être avez-vous déjà entendu parler du biais de négativité. C'est une distorsion de la pensée qui donne plus d'importance et de poids aux éléments négatifs, et qui nous empêche d'être neutre dans la réception des informations reçues. Un exemple très explicite : quand nous recevons un compliment, au lieu d'y voir du positif, nous allons chercher ce qu'il pourrait impliquer de négatif. « Je te trouve belle coiffée comme ça » résonne en « parce que d'habitude je ne le suis pas ? » Vous avez reçu une bonne note en classe. Vous allez immédiatement penser que c'est parce que le test était facile, ou que tout le monde l'a réussi, et que donc ça n'a rien d'extraordinaire.

Notre cerveau nous joue des tours et est conditionné pour repérer en premier ce qui ne va pas. Une personne se présente sur son 31, il n'y a rien à faire, on se focalise sur un lacet défait. Un courrier est parfaitement écrit, mais une erreur de participe passé nous saute aux yeux ! Impossible d'en faire abstraction. Est-ce pour cela que les informations télévisées regorgent de catastrophes et de mauvaises nouvelles ? Le biais de négativité serait-il valorisé dans les médias et dans le traitement de l'information pour retenir plus facilement notre attention ?

Tout le monde n'est pas affecté de la même manière par le biais de négativité. Certaines personnes voient du bien en toutes choses et sont naturellement positives. Bravo à elles, car en matière d'éducation, la langue française elle-même nous encourage à nous focaliser sur les erreurs et le négatif. Ne dit-on pas « corriger une copie », c'est-à-dire, chercher l'erreur et la sanctionner ? Quand en anglais il s'agit de noter un devoir et de récompenser les réussites (*to grade, mark, a paper*). Il ne s'agit pas d'un simple choix de mots. C'est une philosophie, un état d'esprit. Doit-on relever les erreurs ou encourager les succès ? Sanctionner les fautes, ou accorder des points ?

Je me souviens, petite, avoir eu des notes négatives en dictée. Moins un pour un accent oublié, moins deux pour une faute de terminaison... Résultat : -27/20. Quel découragement. Je ne voyais même plus l'intérêt de me donner le mal d'essayer. J'étais abattue d'avance. Jusqu'au jour où j'ai réalisé en tant que prof que je pouvais décider de souligner les mots bien orthographiés de la dictée des élèves.

> — Impeccable, tu as dix mots justes.
> Prochain objectif : 15 ! Pour cela, il te reste à bien accorder les adjectifs avec le sujet.
> Tu vois, c'est ici et là que tu peux t'améliorer.

Parce qu'il ne s'agit pas de vivre au pays des Bisounours et de mettre de bonnes notes à tout le monde, le degré d'exigence doit rester élevé. Mais il importe de prendre en compte la motivation et le pouvoir du soutien verbal.

J'aime bien faire des parallèles avec le sport. Imaginez que votre entraîneur de tennis vous fasse remarquer que vous avez raté 14 services sur 15. Il ajoute : « Ce n'est pas fameux comme ratio. Il y a du boulot. » Comment allez-vous vous sentir ? Découragée. Vous penserez peut-être que le tennis, ce n'est vraiment pas fait pour vous. Pourtant, ce n'est pas faute d'essayer. S'il en ajoute en vous disant que vous êtes trop lente, pas assez précise et mal positionnée, est-ce que cela va vous aider ? Probablement pas.

En revanche, s'il vous encourage en vous pointant du doigt ce que vous avez réussi sur LE service correct, non seulement votre motivation sera décuplée, mais les chances que vous vous amélioriez augmenteront considérablement. Et surtout, vous aurez envie de recommencer !

N'est-ce pas ce que l'on recherche en éducation ? Que l'élève soit son propre moteur, qu'il ait envie de progresser de lui-même ?

— Bien, sur le service réussi, tu as lancé la balle bien haut et devant toi. Impeccable. Recommence, la balle haute et en avant !

Ce qui est implicite c'est : « Tu peux le faire, tu as réussi une fois, ça veut dire que tu peux y parvenir encore. Appuie-toi sur tes forces. Pars de ce que tu sais faire. J'ai confiance en toi et en tes capacités. Fais-toi confiance. » *You've got this!* (Encore une expression que l'on n'a pas en français mais qui implique « tu vas y arriver, c'est dans tes cordes »). *Good job!* (Beau boulot, bel accomplissement, t'es sur la bonne voie !)

Passons à l'espagnol. Des enfants jouent dans le salon. Leur père entre et remarque un vase brisé au sol. S'il est français, il y a de grandes chances qu'il demande : « Qui a cassé le vase ? » Espagnol, il demanderait plutôt: *¿Cómo se rompió el jarrón?* (Comment le vase s'est-il cassé ?)

La langue française accuse et cherche un coupable, là où la langue espagnole cherche à comprendre les faits. Difficile de ne pas succomber à son tour à la négativité.

« Ton travail est sale, il y a des erreurs, tu n'as pas encore terminé, qui a fait ça ? » Ce biais de négativité peut avoir des répercussions sur l'estime de soi. Recevoir des remarques négatives récurrentes joue sur la confiance en soi de nos élèves.

Heureusement, si on fait l'effort de se rendre compte que l'on est négatif, on peut réussir à inverser la tendance, se focaliser sur les aspects positifs de la vie et sur le potentiel des individus. Le but est de provoquer un sentiment de bien-être et d'accomplissement chez nos élèves. De relever leur potentiel. Alors relevons nos manches, car cela demande des efforts de se retenir de pointer du doigt ce qui ne va pas. Nous allons y arriver.

Des TONGS !? Tu te crois en août ?
Je te laisse t'habiller seule pour gagner du temps, résultat, tu nous mets en retard !

Impeccable tu as pensé au bonnet et à l'écharpe ! Vérifie tes chaussures et tu peux sortir !

7.
Le lâcher-prise

Il y a un conseil que j'ai reçu en début de carrière et qui a changé pour toujours ma vision de l'éducation. Il m'a permis de très tôt remettre en question mes convictions pour m'autoriser à suivre mes intuitions. Il faut absolument que je le partage.

« CAS D'ÉCOLE »

Nous sommes en 2006, c'est ma seconde année d'enseignement. Je suis remplaçante dans une petite section en réseau d'éducation prioritaire (REP) avec trente et un élèves. C'est l'automne. Un matin, une conseillère pédagogique en Arts plastiques vient me rendre visite, m'observe faire classe, me donne des conseils.

La matinée passe. Au moment de nous quitter, je la raccompagne dans le couloir. Nous passons devant les peintures de mes élèves que j'ai pris soin d'afficher avant sa venue. Le mur est tapissé d'une forêt d'arbres peints aux couleurs de l'automne. Je suis assez fière du résultat. Les enfants ont trempé les mains dans la gouache et les ont apposées sur le papier pour figurer les feuilles roussies. C'est coloré, je trouve que ça en jette.

La conseillère est sur le point de partir. Elle regarde les peintures et murmure un peu pour elle-même :

> — Si j'avais le temps, je vous dirais pourquoi cette production-ci est ma préférée.

La peinture qu'elle pointe du menton sort totalement du lot. Et c'est celle que mon ASEM et moi considérons comme ratée. Nous tournions le dos à Maëlle lorsqu'elle a patouillé dans la gouache. Les feuilles se superposent, le tronc est de travers, les couleurs se mélangent, le tout dégouline de peinture. Le travail fait très brouillon comparé aux autres, dont les empreintes de mains sont nettement définies. C'est à peine si l'on comprend que c'est un arbre couvert de feuilles. Et pourtant, je dois admettre qu'il accroche le regard. Si je ne m'arrêtais pas au fait que l'enfant n'en avait fait qu'à sa tête et n'avait pas respecté la consigne, je dirais en effet que c'est l'œuvre la plus intéressante, la plus vibrante.

— J'aimerais beaucoup que vous m'expliquiez pourquoi.
— Eh bien, c'est la seule dont je peux affirmer qu'il n'y avait pas une main d'adulte derrière l'enfant. J'y vois de l'exploration, de l'expérimentation, des mélanges de couleurs, de la vie. Vous pensez probablement que la production est ratée et que l'enfant n'a pas compris la consigne. De mon côté, je pense que c'est le seul enfant qui a fait de l'art, et peut-être l'un des seuls qui y a pris du plaisir.
— Mais si je les laissais faire, aucune des peintures ne ressemblerait au modèle.
— Mais peut-être justement qu'à trois ans, il ne s'agit pas de reproduire des modèles. Lorsque je rentre dans une classe et que je vois trente productions identiques, je peux être certaine que l'ASEM a plus travaillé que les enfants.

Ces remarques me suivent toujours. Comme j'ai été heureuse que, si tôt dans ma carrière, on m'autorise à laisser les enfants faire seuls ! Que l'on m'autorise à me défaire de l'idée qu'une production d'arts visuels n'était réussie que si elle était « belle » et conforme au modèle de la maîtresse.

8.
Concentration et attention des enfants

« CAS D'ÉCOLE »

À la table de Rudy, Léo et Marcel sont dissipés. J'ai préparé avec soin une activité sur le langage écrit. Je pensais qu'ils seraient occupés et au travail jusqu'à la récréation, mais voilà qu'ils soupirent, qu'ils jouent à se passer un objet sous la table. Marcel se lève et m'annonce avec aplomb :

— J'ai pas envie de faire ça.

J'entends souvent que nos élèves sont pires que ceux d'avant. Cette génération Smartphone/tablette rivée sur les écrans serait celle des enfants rois, à qui l'on ne dit jamais non, qui manquent de sommeil, passent d'une activité à l'autre sans jamais se poser, qui zappent et sont incapables de se concentrer… Qu'ils sont irrécupérables.

Je ne nie pas du tout le problème lié au temps passé devant les écrans et constate chaque jour ses effets délétères sur le langage. Mais je n'aime pas trop me lamenter. Et ce qui se passe à la maison, eh bien je ne peux pas y faire grand-chose. Je préfère plutôt m'interroger sur mes pratiques de classe et trouver des solutions qui me conviennent.

Marcel détourne le travail que je lui propose ? Est-il est incapable de se concentrer ou bien ne voit-il pas l'intérêt de l'exercice ? S'il ne se sent pas concerné par la tâche, comment le blâmer de ne pas s'y atteler ?

EXPLIQUER LES OBJECTIFS DE L'ACTIVITÉ

Il est très difficile de porter son attention sur quelque chose dont on ne voit pas le but. Pour ma part, c'est même au-dessus de mes forces. Il faut absolument que la tâche à accomplir par l'élève éveille en lui une pointe de curiosité ou de satisfaction. Qu'il y trouve un intérêt quelconque, sans quoi il ne sera pas en mesure de la mener à son terme.

Je me suis imaginée devoir accomplir une série de tâches auprès d'un professeur qui me dit :

> — Dévisse ceci. Soulève cela. Va chercher une bassine, mets-y de l'eau. Mets ça dans l'eau, etc.

Le tout, sans m'avoir expliqué le but de la démarche. Je peux obéir et même m'appliquer et faire « tout bien comme il faut », mais serai-je capable d'expliquer ce que je suis en train de faire ? Y trouverai-je du plaisir et un intérêt ? Vais-je retenir quoi que ce soit ? Probablement pas.

À l'inverse, si dès le départ le professeur me dit :

> — Nous allons faire une sortie à vélo. Pour cela, il faut des pneus bien gonflés. Je vais vous apprendre à changer une roue.

Alors les chances que je sois motivée et que je retienne toutes les étapes de la procédure sont décuplées. Surtout si c'est moi qui ai les outils en main ! Quand ils savent pourquoi ils travaillent, si le but est motivant, je vous garantis que les enfants s'y mettent, apprennent et retiennent.

Marcel est-il mal élevé ou a-t-il simplement (et maladroitement) soulevé un point essentiel : il ne voit pas l'intérêt de faire ce que je lui propose. Je peux décider de me fâcher, ou bien me remettre en question : l'exercice est-il à sa portée ? Est-il trop facile ? Trop difficile ? L'objectif est-il explicite ? Rappelons-nous qu'un enfant impliqué dans ce qu'il entreprend ne rechigne pas à la tâche.

VEILLER AUX APPRÉCIATIONS SUR LES COPIES ET LES BULLETINS

Appréciation[8]. Nom féminin.

1. Action d'apprécier, de déterminer le prix, la valeur (de qqch). Estimation, évaluation.

2. Fait de juger. Jugement. Soumettre une décision à l'appréciation de quelqu'un.

Opinion. *Noter ses appréciations dans la marge.* Note, observation. *Une appréciation favorable.*

La valeur d'une personne ne se mesure pas à ses notes ni aux appréciations sur son bulletin.

8. Définition du Robert en ligne.

Une de mes vidéos a été vue plus de dix millions de fois ! C'est un succès tout à fait inattendu qui me touche particulièrement, parce qu'il montre à quel point les appréciations dans les bulletins marquent les esprits. J'ai reçu des milliers de commentaires et de témoignages de personnes émues aux larmes, qui se sont remémoré des remarques qui leur avaient été adressées à l'école, au collège ou au lycée, et qui les hantent encore. Si cette histoire a touché autant de personnes, c'est parce qu'elle revêt un caractère universel. Tout le monde peut s'identifier au père et à l'enfant qui suivent. Au sentiment d'être ou de ne pas être estimé.

Voici la retranscription écrite de la vidéo.

La toute première fois que j'ai rempli des bulletins scolaires, j'avais des CP. Toute contente de moi — ça faisait cinq heures que je bossais dessus —, j'appelle ma sœur qui était prof depuis bien plus longtemps que moi et je lui lis les appréciations. Et là, elle me dit : « J'espère que tu as écrit au crayon à papier, parce que tu vas tout effacer et tu recommences. »

VOIR LA VIDÉO

En effet, ce que j'avais écrit était ponctué de petites phrases que j'avais probablement moi-même entendues durant ma propre scolarité. « Peut mieux faire », « manque de concentration », « des difficultés en maths ». *Je ne savais pas faire autrement, on ne m'avait pas appris. Ma sœur me dit :* « *Ce que tu écris-là, les parents vont le lire, cela va suivre cet enfant durant toute sa vie. Pas seulement sa scolarité.* » Dévaloriser un élève par écrit, ça peut détruire un ego, faire enrager des parents, démoraliser les meilleures volontés. Décourager les plus faibles.

Elle me dit : « *Tu reprends à zéro et tu commences à chaque fois par quelque chose de positif.* » — « *Même pour ceux qui sont nuls partout ?* » — « *Surtout pour ceux qui sont nuls partout ! Les notes parlent d'elles-mêmes, ça ne sert à rien d'ajouter un commentaire humiliant. Tu commences par quelque chose de positif, et ensuite éventuellement tu soulignes la matière à renforcer.* » — « Ça va être dur. » — « *Oui, c'est dur.* »

Je raccroche et je m'y remets. Terrence a une imagination débordante et une mémoire spectaculaire. Gabrielle connaît toutes ses tables sur le bout des doigts. Arrivée à Céline, je bloque. Les maths c'est difficile, l'écriture aussi. Elle ne connaît toujours pas son alphabet. Parfois je me demande sérieusement si j'arriverai à lui apprendre à lire. Elle n'est bonne ni en sport, ni en dessin. Cette enfant, c'est

un amour de petite fille, mais scolairement, elle rame franchement pour tout, se décourage pour un rien.

Je cherche, je cherche un truc à dire de positif. Je pense très fort à elle. Et là, ça me vient comme une évidence. Je me figure son sourire éclatant, son visage solaire, sa bonne humeur, sa gentillesse et sa serviabilité. J'écris : « Céline est un rayon de soleil pour la classe. Poursuis tes efforts, ton sourire illumine notre CP. »

La semaine suivante, je remets le bulletin à son papa qui a les larmes aux yeux. « C'est la première fois que je lis quelque chose de positif sur Céline, vous ne pouvez pas savoir le bien que cela fait. »

Après cela, il n'y a pas de miracle. Céline a continué de galérer, mais elle a gardé le sourire et la bonne humeur. Motivée à bloc, elle a appris à lire et n'a pas cessé de progresser.

Si je vous raconte cette histoire, c'est qu'il n'y a pas une année où je ne pense pas à elle en remplissant les bulletins.

Il n'y a pas très longtemps, j'ai reçu un message sur Instagram. Le voici : « Bonjour Émilie*. Je m'appelle C. et j'étais en CP avec toi à F. Mon meilleur souvenir de maîtresse est avec toi. J'avais des lacunes en comparaison des autres élèves, du mal à écrire, à lire, à apprendre et suivre les cours. Mais tu as écrit dans mon bulletin : "C. est le rayon de soleil de la classe." Cette phrase m'a permis de toujours garder confiance en moi, et merci pour ça ! Je suis hyper heureuse d'apprendre que tu continues à partager ta manière d'apprendre sur les réseaux sociaux ! Merci beaucoup. C. »*

Vous ne pouvez pas savoir le bien que cela m'a fait de lire ce message. Je m'étais sentie assez incompétente cette année-là. Toute jeune prof, à me dire que je ne l'avais peut-être pas assez aidée. Au fond de moi, j'avais une certitude par rapport à cet enfant, c'est que quoi qu'elle fasse dans la vie, j'étais certaine qu'elle rendrait des gens heureux.

Un de mes amis un jour m'a dit que sur son bulletin, son prof de philo avait écrit : « Élève inintéressé et inintéressant ». Y penser provoque encore en lui des émotions. Le poids des mots est énorme, et nos notes en classe ne reflètent aucunement notre valeur en tant que personne.

9.
La communication avec les parents d'élèves

— Bonjour, vous vouliez me voir ?

La maman de Rudy s'inquiète.

— Ça va ? Rudy, il est pas trop heu… mouvementé en classe ? Il tape pas, si ? À la crèche il mordait, je savais pas quoi faire… Il écoute pas beaucoup et je sais qu'il reconnaît pas les lettres encore, mais on va travailler. Rudy, cherche ton étiquette. Regarde, ça commence par un R.

Rudy ne lui répond pas. Le rituel des étiquettes de présence le matin ? Il ne se sent pas du tout concerné. Ce qui l'intéresse, c'est la voiture jaune. Mais Cameron l'a déjà en main. Si je n'interviens pas, il va y avoir un drame.

Je pourrais lui répondre : Ben si, votre fils tape, mord, n'écoute rien et c'est un enfer. Mais à quoi bon ? Même si c'est vrai, j'opte pour un angle qui n'est pas a priori naturel, je me retiens tout jugement et toute réflexion négative. Aucune critique ne viendra alimenter les croyances négatives dont la maman de Rudy a déjà affublé son fils. Je veux que cette maman nous fasse confiance, à lui et à moi, et qu'elle arrête de se mettre une pression énorme et de la transposer sur les petites épaules de son fils de deux ans et demi.

— Votre fils, il est curieux et s'intéresse à tout ce qui l'entoure. Il a envie de tout découvrir et c'est bien normal. Il va apprendre. Je suis très confiante. Les étiquettes, ça viendra plus tard, vous pouvez le faire avec lui au début. Pour le moment, s'il apprend à enlever ses chaussures tout seul, c'est déjà très bien. Et puis, il a l'air d'aimer l'école.
— Oui, il adore ! Il vous demande tout le temps.

— Ah ! Eh bien ça fait plaisir. Vous allez voir, il va passer une excellente journée. Nous allons faire du vélo, ça devrait lui plaire. Rudy, maman s'en va, tu lui dis au revoir ?
— Merci madame, merci.
— Je vous en prie. C'est normal.

Et je le pense. C'est normal, c'est mon travail, aurais-je pu ajouter. Donner à cette maman une image positive de son fils est la meilleure manière de m'en faire une alliée. Cela ne me servirait à rien de l'accabler et d'ajouter de l'inquiétude à son inquiétude. Si je mets en valeur les atouts de son fils, si je lui indique que tout est sous contrôle (ce qui est le cas : cet enfant est en apprentissage, je ne vais pas le cataloguer si tôt dans sa scolarité), si je lui fais part de ma confiance en lui, je l'apaise. Une maman rassurée et fière de son fils, il n'y a rien de tel pour avoir un enfant détendu et joyeux en classe.

Il ne s'agit pas de lui mentir et de faire un portrait déformé de son enfant. Il s'agit de mettre en avant ses atouts et ma confiance en lui pour tranquilliser sa maman. Et gagner sa confiance. On se méfie des gens qui sont dans la critique. Ce sera beaucoup plus facile pour moi de pointer du doigt les compétences non acquises et les obstacles relationnels de Rudy dans un second temps, le moment venu. Je préfère évoquer les difficultés d'un élève en rendez-vous privé plutôt qu'au moment de la séparation du matin ou des retrouvailles du soir. Les parents ont tellement envie que l'école « ça se passe bien » pour leur enfant, que certains leur communiquent leur stress.

Dans l'idéal, j'essaie d'être la plus rassurante possible. Aucun jugement ni critique. Cela ne veut pas dire fermer les yeux sur des comportements inacceptables, bien au contraire. Mais de nouveau, si débordements il y a, je serai dans la description des comportements, pas dans le jugement. Et s'il y a urgence à en parler, je demande discrètement au parent concerné si on peut avoir une rapide conversation, soit dans l'immédiat si mon ASEM est disposée à surveiller le groupe quelques instants, soit lors d'un rendez-vous que l'on aura décidé conjointement.

Une chose est certaine : lorsque les parents nous déposent leur enfant, la relation est d'emblée asymétrique. De notre côté, nous ne recevons qu'un élève parmi d'autres, alors que du leur, ils nous confient la prunelle de leurs yeux.

Ils n'ont pas d'autre choix que de nous faire confiance, alors que nous sommes de parfaits inconnus. Pour peu que nous n'ayons pas l'air disponible le premier jour de classe, ou qu'une parole soit interprétée de travers, la balance penche encore un peu plus.

Il faudra faire nos preuves pour obtenir leur confiance ! D'autant que lorsque les portes se referment le matin, l'école, même si elle se veut ouverte et accessible, est, dans les faits, une boîte fermée peu abordable, parfois même obscure avec ses codes, son jargon et ses usages si particuliers. Durant dix heures parfois, les enfants évoluent dans cet espace clos aux règles bien spécifiques, sans que les parents aient la moindre idée de ce qu'il s'y passe. Cela peut être d'autant plus frustrant qu'une fois rentrés à la maison, à la question « qu'as-tu fait à l'école ? », ils n'obtiennent qu'un petit « rien ».

Pour rendre l'école accessible, je dirais même compréhensible, en particulier pour les parents les plus éloignés du système scolaire, j'ai un rôle majeur à jouer. Plus ce qui se passe en classe sera transparent, plus les parents seront à l'aise et enclins à me faire confiance. Ne l'oublions pas, notre but commun est d'accompagner au mieux les enfants pour les aider à grandir et apprendre. Pour cela, dès les premières secondes, j'accueille, j'explique, je montre, j'invite à entrer et à poser des questions. Cela paraît évident, mais ce qui va sans dire va encore mieux en le disant. Je dissipe tous les malentendus dès le premier instant. Après avoir salué mon élève en premier, je m'adresse à son accompagnateur.

> — Bonjour, je suis Émilie, je serai la maîtresse de Nils. Bienvenue. Voici Aminata, ma collègue et ASEM, qui s'occupera avec moi de votre enfant. N'hésitez pas à entrer et à faire un tour dans la classe.

Nos noms sont écrits sur la porte, les visages en photo, le trombinoscope de la classe affiché en grand, les menus de cantine mis à jour chaque semaine. Ce sont autant d'appuis qui facilitent l'appropriation de la classe par nos nouveaux parents d'élèves. Je leur donne un maximum de repères pour leur dire : « Cette classe est aussi la vôtre. » Je les encourage à me parler ou à me poser des questions, à faire un pas pour ouvrir des cahiers, regarder un puzzle en cours ou commenter des peintures exposées. L'école peut être particulièrement intimidante pour certaines familles. Plus elles se sentiront accueillies et légitimes, plus nos élèves seront impliqués et à l'aise à leur tour. D'autres parents sont méfiants, ils ont besoin que nous fassions nos preuves. Le meilleur remède que j'ai trouvé face à leur suspicion, fort légitime je le reconnais, est de les inviter en classe une matinée.

Très rapidement, lors de la réunion de rentrée, je propose :

> — Si certains d'entre vous souhaitent passer un moment en classe pour voir comment cela se passe ou pour nous présenter un instrument de musique, lire une histoire, animer un atelier de pâtisseries…, vous êtes les bienvenus. Après les vacances de la Toussaint (quand la classe aura trouvé sa vitesse de croisière), vous pourrez rester de 8h30 jusqu'à l'heure de la récréation. Si vous ne voulez pas participer, vous pouvez juste être parmi nous en observation.

Les sourires et les soupirs de soulagements que je constate après les avoir invités sont nombreux. Au final, peu de parents saisissent l'occasion de passer du temps en classe, mais tous voient d'un très bon œil que ce soit envisageable. En effet, pourquoi se méfier d'une maîtresse qui n'a rien à cacher ?

LA PORTE D'ENTRÉE LE MATIN, À L'ACCUEIL

Ne jamais oublier qu'un regard change tout. Un sourire aussi. La manière dont je me présente au monde va instantanément influer sur le lien que je vais créer (ou distendre) avec celui que j'ai en face. Donc même si je suis accaparée par quelques élèves, que j'ai mal dormi ou que je suis un peu en retard, je me dois quand même d'être un minimum disponible et montrer de l'enthousiasme auprès des familles. Et si je ne peux pas me rendre disponible, je le fais savoir.

> — Je suis désolée, je ne vais pas avoir le temps de vous parler ce matin, mais peut-être que nous pouvons prendre cinq minutes à midi ?
> — N'hésitez pas à m'écrire des informations importantes sur le cahier de correspondance ou sur ces Post-it à votre disposition.
> — Donnez-moi une seconde et je suis à vous.

Parfois, les parents d'élèves ont une attitude qui peut être fort déplaisante. Visages fermés, pas pressés, remarques désagréables, indifférence affichée, voire absence totale de recherche de communication. Et si, ce n'était pas contre vous ? Pas facile de ne pas prendre les choses personnellement, et pourtant, c'est la seule option que je vois. Alors oui, c'est dur, mais c'est salvateur, et cela va nous permettre de nous focaliser sur le principal : nos élèves.

Vous trouvez un papa hautain, une maman ne vous a pas saluée ? Ne cherchez jamais à interpréter ce que vous pensez avoir perçu. L'humeur des autres, leurs réactions n'ont rien à voir avec soi. Nous ne sommes pas responsables de ce que ressentent les autres ni de leurs actions. Peut-être qu'ils ont peur de déranger, qu'ils viennent de raccrocher avec leur patron, que leur enfant a fait une comédie dans la rue ou qu'ils ont mal au dos. Quelle que soit la raison d'un mouvement d'humeur d'un parent d'élève, je n'ai aucun intérêt à me demander ce que j'ai fait de mal. Surtout à 8h40 en plein accueil.

Mieux vaut que je mobilise mon attention ailleurs et que je me concentre sur mon travail. Je reste professionnelle. Cela me permet de prendre du recul et de rester disponible pour le reste du groupe. Si la situation persiste, un rendez-vous sera probablement nécessaire, mais la plupart du temps, ce n'est pas contre nous. Alors ne nous formalisons pas et montrons l'exemple. Salut, sourire, mot de bienvenue, rappel d'une sortie à venir ou petite phrase amicale.

> — Sur ce mur, vous verrez affiché le travail à l'encre et à la craie que vos enfants ont réalisé. Charlotte, ça te dirait de montrer ton travail à ta grande sœur ? Entrez, vous allez voir, les couleurs sont incroyables !

D'autant que nous sommes un peu chez nous dans nos écoles, non ? Qui n'a jamais eu la langue qui fourchait en parlant de « sa chambre » au lieu de sa classe. Le matin, nous sommes là en premier, cela nous donne l'ascendant sur ceux qui se présentent ensuite. Quand je suis la première dans une salle, et que quelqu'un arrive, c'est à moi de l'accueillir, tout comme lorsqu'un cercle est formé et que quelqu'un aimerait s'y joindre : c'est à ceux qui sont déjà installés de tirer une chaise et d'élargir le cercle. C'est une attention que nous pouvons offrir et qui ne coûte rien, et qu'indéniablement nous aimerions recevoir dans une situation similaire. N'oublions pas que nous sommes des diffuseurs d'ambiance. Ma bonne humeur, ma mauvaise humeur, mon ouverture, ma fermeture... tout le monde en profite, que je le veuille ou non. Alors, quelles émotions ai-je envie de répandre autour de moi ?

Oui, mais quand on se fait ouvertement agresser verbalement, par exemple ? Dans ce cas, quoi qu'il en soit, l'entre-deux portes et le moment de l'accueil ne sont pas les bons moments pour gérer des conflits ou aborder des sujets délicats. Les sujets qui fâchent n'ont pas de place dans les couloirs : c'est le meilleur moyen d'avoir des mots maladroits ou des réactions regrettables. Croyez-moi, j'en ai fait les frais.

Comme j'ai pu m'en vouloir et m'en veux encore d'avoir réagi à chaud face à une parole que je jugeais agressive ou déplacée. L'agressivité est notre ennemie. J'apprends à la détourner. J'aimerais écrire « j'ai appris à m'en débarrasser », mais hélas je dois reconnaître que je ne suis pas encore experte en ce domaine. Pourtant j'y travaille, et la réflexion autour de la communication et mes formations m'aident à m'améliorer, à percevoir mes failles et à progresser malgré d'inévitables ratés. Parce qu'il faut qu'on se le dise : être bienveillant, ce n'est pas toujours facile, surtout lorsque l'on se sent agressé, que l'on est fatigué et tendu, et qu'on aimerait bien vider son sac !

D'abord la directrice qui ne dit pas bonjour ! Et maintenant ses chaussons qui ont disparu ! Il ne manquait plus que ça !
C'est n'importe quoi cette école !
Je ne vous autorise pas à me parler sur ce ton !

Lorsqu'une personne râle ou se fâche, c'est qu'elle exprime très maladroitement un besoin non nourri. Au lieu de rentrer dans le jeu de l'autre et de risquer l'escalade de la mauvaise humeur, nous pouvons faire le choix de rester courtoise et de ne parler que des faits, sans formuler de jugement.

« CAS D'ÉCOLE »

Les parents d'Imrane m'ont demandé un rendez-vous en urgence. Je les reçois un soir après la classe, sans avoir la moindre idée de ce dont ils aimeraient parler.

Ça tombe bien, moi aussi j'aurais quelques mots à leur dire à propos de leur fils. Il ne me facilite pas la vie en classe. Toujours collé à son meilleur ami Moussa, il n'en rate pas une : il fait le pitre, suit Moussa dans ses moments d'excitation en forçant son rire, interrompt la classe pour faire des blagues… C'est un élève qui court dans les couloirs, qui crie plus qu'il ne parle, qui utilise tout ce qui lui tombe sous la main pour en faire des toupies ou des projectiles. C'est le dernier à entrer en classe le matin — bruyamment qui plus est —, le dernier à se mettre au travail (« je veux pas », « je le ferai pas », « je savais pas »…), le premier à se précipiter dans la cour — en poussant les autres, bien sûr. Bref, son comportement me fatigue.

Je lui rappelle les règles plusieurs fois par jour, suis sans cesse derrière lui pour qu'il se mette au travail, et son agitation commence vraiment à me peser. Si je pouvais aussi rappeler aux parents les horaires de l'école, ce ne serait pas un luxe. J'en ai assez qu'ils soient systématiquement en retard le matin et qu'ils ne s'excusent jamais.

ÉVACUER LES PENSÉES NÉGATIVES DANS UN ENVIRONNEMENT SÉCURISÉ

Si je ne me retenais pas et que je faisais une liste sans filtre de ce que je pense de ce gosse, en toute malveillance et aux antipodes de tout ce que je prône, je dirais qu'Imrane est « chiant ». J'ajouterais même agité, excité, fatigant, mal élevé, grossier, pas sympa avec les autres, pénible, épuisant, bruyant, agaçant. En un mot : relou.

« Émilie ! Venant de toi, je suis surprise que tu te lâches comme ça ! Où sont passés tes bons principes de ne pas coller d'étiquettes ! D'être bienveillante en toutes circonstances et de voir le meilleur dans chaque enfant ? »

Eh bien figure-toi qu'en communication non violente, il peut être recommandé de vider son sac sans mettre de filtre. Marshall Rosenberg lui-même propose de « laisser pisser son chacal[9] ». Quand on en a plein le dos, ras le bol, que ça nous gonfle, ce n'est pas le moment de prendre sur soi et de faire « comme si ». Cela peut faire beaucoup de bien de se débarrasser de tous les jugements négatifs qui polluent nos pensées, pour les évacuer une bonne fois pour toutes. Mieux vaut laisser couler cette énergie de pensées négatives et de jugements plutôt que de la réprimer.

Alors, évidemment, JAMAIS face à l'enfant en question, NI devant la classe, et CERTAINEMENT PAS devant ses parents ! Mais dans un environnement sécurisé, avec une collègue de confiance qui l'aurait eu l'année précédente par exemple, ou bien par écrit, sur une feuille que l'on prendra le soin de brûler ou de déchirer en mille morceaux.

Quand j'éprouve le besoin de me « lâcher », je dois le faire. C'est sain. Cela permet de transformer un sentiment ou un moment désagréable en connexion et connaissance de soi. Qu'est-ce qui peut bien me mettre dans cet état ? Qu'est-ce que cet enfant représente pour moi à cet instant pour que je cristallise sur lui toute ma frustration ? Qu'est-ce que je ressens ? De quoi ai-je besoin ?

Je me défoule et décompresse pour accueillir avec tendresse et bienveillance la part de moi qui hurle, afin de retrouver la paix et la sérénité inhérentes à l'auto-empathie. Cela change la vie, plutôt que de balancer ses quatre vérités

9. La métaphore de la girafe et du chacal en CNV évoque deux manières de communiquer. L'une empathique et douce en lien avec notre cœur (la girafe) et l'autre, celle du chacal, dans l'agressivité et le jugement.

à son interlocuteur.

C'est vraiment curieux comme après avoir sorti tout ce que l'on avait à dire de négatif sur une personne, sans filtre et en choisissant les pires gros mots, les jugements les plus outranciers, et ce, aussi longtemps que nécessaire et jusqu'à ce que tout soit dit, le soulagement qui suit est teinté d'une certaine sympathie pour celui que l'on vient d'insulter.

Car dans le fond, l'autre n'est pas responsable de tout ce que l'on ressent. Il met juste en lumière nos besoins qui ne sont pas assouvis. Cet enfant est-il insupportable, ou bien met-il en lumière mon besoin de calme, de sécurité, d'accomplissement ?

NE PAS CRITIQUER NI JUGER, MAIS ÉCOUTER

Cette longue parenthèse me permet d'expliquer le travail qu'il m'arrive de faire intérieurement pour accueillir les parents d'élèves avec recul et sérénité. Le jour où je les rencontre, je dois m'interdire tout jugement à propos de leur fils. Mon intention est d'écouter ce qu'ils ont à me dire. De créer un lien de confiance et d'écoute dans l'intérêt de l'enfant, notre but commun étant de l'accompagner dans les meilleures conditions. Si je suis dans la critique, le jugement et les remontrances, les entretiens sont inefficaces, et même contre-productifs.

Imaginez que je démarre l'entretien avec les parents d'Imrane en disant :

> — Je suis bien contente de vous voir, parce qu'Imrane, ça ne va pas du tout en classe. Il est très insolent et n'écoute pas les règles. Il va falloir que ça change.

Avec des phrases comme celles-ci, je critique leur enfant et leur mode éducatif, et ne leur laisse le choix que de la défense ou de la riposte. Je coupe toute possibilité de communication, car en les attaquant de front, j'ai rompu toute chance d'être écoutée. Les parents seront sur la défensive, probablement vexés ou choqués. Ils auront à leur tour envie de me critiquer et me jugeront probablement incompétente, désagréable, et j'en passe.

Tout comme je dois m'interdire les haussements de sourcils, les soupirs chargés de non-dits, etc. Ce n'est ni l'endroit ni le moment de leur faire comprendre que leur enfant est « chiant ». Leur enfant est un élève. Ils ont demandé un entretien car ils ont une inquiétude. Je vais les écouter parler sans les contredire ni les interrompre, même si je pense qu'ils ont tort ou qu'ils abusent. Je vais les écouter sans émettre de jugement, et comme pour les enfants avec lesquels je fais de la médiation, je vais essayer de démêler ce qu'ils ont à me dire, de comprendre quelle est l'émotion qui les anime et de quoi ils auraient besoin. Et ce, même s'ils sont très loin d'appliquer ces principes. J'ajouterais, surtout s'ils sont très loin de parler avec retenue, politesse et recul.

— Bonjour madame, vous vouliez me voir ?

Si la maman d'Imrane se montre d'emblée agressive :

— Les enfants, vous ne les surveillez pas ? En fait, ils font ce qu'ils veulent c'est ça ?

Je me dois de ne pas répondre sur le même ton.

— Je vous écoute. Vous avez le sentiment que les enfants sont laissés sans surveillance ?

Un entretien réussi est un entretien durant lequel j'aurai pu comprendre ce qui se joue pour mon interlocuteur. Telle une détective sur la trace des émotions, je vais m'appuyer sur des faits pour essayer de reconstituer ce qui se passe pour eux, à l'intérieur. Le schéma ressemble plus ou moins à celui-ci :

— Si je comprends bien, il s'est passé ceci, vous avez ressenti cela. Ce que vous aimeriez maintenant, c'est qu'il se passe ceci, car vous avez besoin de cela.

Je vous entends, j'ai compris, voyons ce que nous pouvons faire ensemble. Lorsque cette étape cruciale aura été franchie avec succès, vous pourrez à votre tour faire circuler des messages. Mais avant cela, ils auront peu de chance d'être entendus.

Bien écouter, c'est le travail de toute une vie

Ce matin même, alors que je suis en pleine écriture de ce livre et que je passe mon temps à essayer de mettre en pratique ce que je professe (à savoir, être dans l'écoute empathique pour créer du lien), j'ai été surprise de tomber dans de vieux travers, et j'ai perdu l'occasion de rentrer en relation avec une enfant. Alors que j'en avais vraiment envie. Je vous raconte.

Nous sommes samedi matin. Je me rends, comme à mon habitude, à mon cours de full-contact. Sur le tatami, j'ai la surprise de voir huit pré-ados invités à notre séance habituellement réservée aux adultes. Parmi eux, une enfant prénommée Fatou. Je la repère instantanément, car aujourd'hui nous ne sommes que deux filles, elle comprise. Cela active instantanément une fibre sororale et me procure une petite dose de plaisir. Ironiquement, Fatou, faisant le même constat que moi, s'exclame :

— Mais y'a pas de filles !

En effet, mis à part elle et moi, nous sommes entourées de quinze hommes. Mon réflexe est de répondre instantanément :

— Ben si ! T'es sympa, y'a moi !
— Oui, mais c'est pas pareil.

Mon entraîneur et moi la charrions un peu.

— C'est parce qu'elle est trop vieille c'est ça ?
— Je compte pas comme une fille ?

Gênée, la petite marmonne quelque chose, se referme sur elle-même et s'éloigne. Je m'en suis tout de suite voulu. Parce qu'évidemment, je sais bien ce qu'elle entendait par là. Elle n'a pas cherché à m'exclure de la catégorie du sexe féminin. Elle a exprimé sa déception de voir qu'il n'y avait pas d'autres filles de son âge. Et comme nous sommes conditionnés à reprendre, commenter et même se moquer des erreurs des autres, nous sautons à pieds joints sur la facilité du bon mot. Aux dépens de la relation.
Quand j'ai vu le visage de Fatou se refermer face à nos gentilles moqueries, je me suis dit que j'avais totalement raté mon but. J'aurais aimé lui avoir dire à la place :

— Ce serait plus sympa avec des filles de ton âge ?

Elle m'aurait probablement répondu oui.
Et on se serait souri, alliées.

En classe, c'est pareil. Lorsque je saisis une maladresse ou une remarque déplacée d'un élève, et que je ne fais pas l'effort de comprendre ce qui est dit derrière les mots grossiers ou inopportuns, je me prive d'une occasion de resserrer les liens. En prenant les choses personnellement, en se vexant ou s'offusquant de ce que l'autre dit, on laisse notre ego prendre le dessus sur la relation. À l'inverse, lorsque nous arrivons à nous décentrer, sans chercher à avoir le dernier mot, nous privilégions nos rapports avant tout.

REFORMULER LES SENTIMENTS ET BESOINS DES PARENTS

Dans le cas d'Imrane, ce jour-là, les parents étaient très remontés car depuis leur fenêtre, ils ont vue sur la cour et la maman a remarqué que son fils ne portait pas son manteau à la récréation, et ce, deux jours de suite.

Plutôt que de leur faire remarquer que ce n'est pas faute de lui répéter de le prendre, et que s'il écoutait un peu plus, bla-bla-bla... je choisis de reprendre mot pour mot ce qu'elle vient de me dire.

> — Vous avez vu par la fenêtre qu'Imrane n'avait pas son manteau ? Deux jours de suite ?
> — Oui.

Généralement, dès que l'on répète mot pour mot ce qui a été formulé par son interlocuteur, cela a un effet apaisant immédiat. Nous sommes tellement habitués au rapport de force, à se parler avec agressivité, à vouloir à tout prix défendre son point de vue, imposer sa version des faits, que l'on oublie souvent de vraiment écouter l'autre. Et pour se sentir comprise, cela fait un bien fou d'entendre ses propres paroles répétées mot pour mot. Cela vous paraît grotesque ? Essayez. Dès maintenant. La prochaine fois que quelqu'un (enfant ou conjoint) râle ou vous parle sur un ton qui vous déplaît, au lieu d'être sur la défensive et de chercher à le contrer, accueillez sans réserve ce qui vous est dit.

> — Tu n'as pas envie de faire tes devoirs ? Ton patron te sort par les trous de nez ? Tu détestes Mamie ?

Je vous vois déjà hausser les sourcils... Là ça va trop loin, je ne peux pas la laisser insulter sa famille ! Je n'accepte pas qu'elle dise qu'elle déteste sa mamie. Soit, je suis d'accord, ce serait bien qu'elle apprenne à reformuler ses émotions. Nous y reviendrons. Mais dans un premier temps, focalisons-nous sur notre intention. Quel est mon but ? Faire son éducation coûte que coûte ? Ou bien rechercher à comprendre ce qui se passe pour elle afin de trouver une explication à son agressivité ? D'autant plus que d'ordinaire, elle aime sa mamie. Plutôt que de la réprimander, je répète d'un ton neutre, sans sarcasme :

— Tu détestes Mamie ?
— Je veux pas aller chez elle.
— Tu ne veux pas aller chez elle ?
— C'est pas juste, Théo il reste avec toi et moi je suis obligée d'y aller. En plus j'aime pas les champignons.
— Tu aimerais passer les vacances avec Théo et moi à la maison ?
— Oui. Il a trop de chance Théo.

En écoutant et en répétant ce que nous dit l'autre, nous lui accordons l'attention dont il ou elle a besoin, et lui donnons l'occasion de démêler ce qui se passe pour lui ou pour elle à l'intérieur. La colère et l'agressivité sont systématiquement le résultat de besoins non assouvis.

Je prends le temps d'écouter leur appréhension. Imrane est né prématuré, il faisait des convulsions bébé, il a la santé fragile, ils sont très inquiets, ils ont peur qu'il attrape froid. La maman a repris le travail, elle ne pourrait pas le garder à la maison s'il tombait malade. Leur agressivité prend racine dans de l'inquiétude. Ils ne sont pas fâchés contre moi, ils m'expriment très maladroitement leur angoisse. Pourtant ça avait mal commencé… Si je n'avais pas cherché à savoir quel était le besoin non nourri derrière son attaque, j'aurais probablement répondu quelque chose du genre :

— Non, on les laisse faire ce qu'ils veulent évidemment (*ironie*). Imrane sait très bien qu'il doit prendre son manteau. Tous les autres le font bien.

La surenchère ne se serait pas arrêtée là.

La maman d'Imrane est inquiète. Elle n'est pas en mesure de le dire, mais je suis en mesure de l'entendre et de passer outre son agressivité.

— Vous vous inquiétez pour la santé d'Imrane. Cela vous rassure de savoir qu'il reste bien au chaud. Vous aimeriez qu'il porte son manteau à toutes les récréations.
— Oui, si vous pouviez l'aider à y penser s'il vous plaît.

10.
Conclusion

En conclusion, j'aimerais rappeler que nos élèves, lorsqu'ils agissent de manière incontrôlée ou agressive, ne le font pas contre nous ni pour nous faire du mal. Ils et elles sont en proie à des émotions fortes, un besoin d'appartenir au groupe et de trouver leur place. Ils n'ont pas appris à gérer le bouillonnement intérieur qui les assaille quand ils sont submergés par l'anxiété, la peur d'être rejetés, la crainte de ne pas être à la hauteur, le besoin d'être vus et entendus. Regardons chaque « comportement défi » comme l'occasion de leur enseigner de nouvelles compétences. Soyons les adultes rassurants, disponibles et fermes que nous n'avons pas toujours eu l'occasion de croiser en grandissant.

« Viens me voir », « je suis là », « je suis avec toi », « expire », « tu peux le faire », « bravo », « tu as repris le contrôle de ta respiration », « veux-tu me raconter ce qui s'est passé ? »

Si vous pensez toujours que, pourtant, crier un bon coup et les punir, ça marche, vous n'auriez pas tout à fait tort. Sur le moment, la classe, ou l'enfant sidéré par les cris et la menace, va peut-être se calmer. À court terme, cela peut ressembler à une solution efficace pour obtenir le silence.

Mais au fond de nous je pense que nous savons tous que ce n'est pas LA solution. À long terme, aurons-nous apporté des ressources à ces élèves pour qu'ils modifient leur comportement ? Leur aurons-nous montré l'exemple à suivre ?

Et puis, il n'y a qu'à se rappeler comment on se sent après s'être emportée. Personnellement, je le regrette toujours, et ne suis jamais fière de moi après avoir hurlé. Mais je ne suis pas une sainte, et changer ses habitudes demande du temps et du travail. Donc oui, parfois je crie et je menace, je perds patience et m'emporte.

Cependant, réaliser qu'il y a mieux à faire, c'est déjà être sur la voie de l'évolution. Nous pouvons tous et toutes nous améliorer. Dès maintenant, dès le prochain conflit. En cherchant le lien, en étant dans l'écoute des besoins de l'autre, en faisant l'effort de reconnaître son émotion et en montrant à l'enfant comment faire pour se comporter de manière appropriée.

« Je devine ce que tu ressens, je valide ton ressenti sans le juger, je t'accompagne pour regagner la paix intérieure. Je te rappelle les règles et pose des limites fermes en toute bienveillance. »

Lors d'une formation à la discipline positive[1], nous étions une vingtaine de participants, professionnels de l'Éducation nationale du primaire et du secondaire. La formatrice nous a demandé de lister les comportements des élèves qui représentaient des défis et qui nous posaient des difficultés en classe.

Nous ne nous sommes pas fait prier. Très vite, une longue liste non-exhaustive d'agissements très agaçants a recouvert l'affiche :

Se tapent
Se parlent mal
Crient
Parlent fort
Renversent leur table
Jettent des objets
Ne savent pas s'expliquer
Dorment en classe
S'agitent
Bavardent
Sont insolents
Agressivité
Se coupent la parole
Ne s'écoutent pas entre eux
S'insultent
Se lèvent sans la permission
Quittent la classe
Refusent de travailler
Râlent
Ne savent pas s'excuser
Humilient des camarades...

Nous aurions pu continuer longtemps.

Elle nous a ensuite encouragés à réfléchir aux talents et aux compétences que nous souhaiterions que nos élèves acquièrent. « Que voudriez-vous que les adultes de demain maîtrisent ? Que désiriez-vous qu'ils sachent faire ? Qu'ils aient intégré ? »

1. Discipline positive, éducation bienveillante, CNV, parentalité positive.... Tous ces « courants » se recoupent et méritent d'être étudiés. Plus nous aurons d'exemples d'alternatives aux punitions et aux humiliations, plus nous arriverons à soigner le lien avec nos enfants et vivrons en harmonie avec eux.

Politesse
Patience
Amabilité
Humour
Autonomie
Solidarité
Sens critique
Confiance en soi
Responsabilité
Respect des autres et de soi
Engagement
Capacité à argumenter
Respect des choses
Contrôle de soi, de ses émotions
Curiosité
Créativité
Clarté
Ressources
Amitiés
Réflexivité
Empathie
Joie de vivre
Rebond
Persévérance
Sens civique
Ouverture d'esprit

J'ai tout de suite remarqué que ces compétences ne faisaient pas partie des programmes, à la différence des maths ou de la musique. Ce sont des compétences transversales que l'on n'enseigne pas à proprement parler, mais que l'on voudrait que nos élèves maîtrisent. Voyez-vous comme moi où est le problème ? Comment exiger de quelqu'un qu'il sache nager, si on ne lui propose pas régulièrement un bassin dans lequel s'entraîner ?

Tout au long de cette formation, nous avons exploré nos comportements d'éducateurs et d'éducatrices, nos habitudes dans notre manière de nous exprimer, de faire des requêtes, de nous adresser aux élèves. Et nous avons pris conscience que nos actes et nos manières de réagir face aux comportements perturbateurs de nos élèves étaient souvent déconnectés des compétences que l'on voudrait qu'ils acquièrent.

Elle tape : on l'isole. Il n'a pas travaillé : on l'humilie devant le groupe. Elles sont insolentes : elles ont une punition.

Et si, face à un débordement ou une insulte, on gardait en point de mire la compétence que l'élève n'a pas acquise ? Posons-nous la question : quelles actions concrètes (individuelles ou collectives) peut-on mettre en place pour atteindre cette compétence ?

Patience, persévérance, respect des autres... Quelle parole, quel acte de ma part, quel exemple pourrais-je donner à mes élèves pour qu'ils et elles tendent vers cela ? Quel cadre allons-nous co-construire pour qu'ils y adhèrent et s'impliquent ? Les enfants apprennent en nous regardant faire. Tâchons d'incarner consciemment la compétence que nous voulons qu'ils apprennent.

Nous sommes des êtres sociaux. Nous nous sentons en sécurité lorsque nous nous sentons appartenir à un groupe, que nous avons trouvé notre place, que nous avons une utilité sociale (je compte, j'ai de l'importance...). Quand cette sécurité intérieure est présente, je peux mettre mon énergie dans les apprentissages, je suis disponible et en mesure de m'instruire. Mais si je ne me sens pas à ma place, je vais mettre toute mon énergie à trouver cette sécurité. Parfois, en penchant vigoureusement vers des comportements inappropriés, c'est une manière malhabile de chercher à « appartenir », quitte à faire partie du « groupe des élèves perturbateurs ».

« Je n'ai pas compris l'exercice de maths.

Je pense que les autres sont meilleurs que moi, je me sens nul. Dès que le prof aura le dos tourné, je vais jeter une boulette de papier en direction du tableau, parce que de toute manière, j'y arriverai jamais et que j'ai l'impression que tout le monde s'en fout. »

« Je suis nouvelle dans l'école. Je ne connais personne, je me sens seule et j'ai peur, mais quand je fais une blague inappropriée, toute la classe rigole. Trop bien, les enfants me valident. Pour que les autres m'acceptent, je vais me moquer de la maîtresse et imiter ses intonations. »

Nous pouvons nous focaliser sur les comportements (qui, soit dit en passant, sont inadmissibles) ou bien chercher à comprendre la logique interne de l'enfant. Quel est le sentiment qui le submerge pour avoir une telle réaction ? Lorsque je fais l'effort de chercher à comprendre ce qui se joue pour l'autre, je crée le lien, je fais un pas vers la résolution du conflit, je lui offre la possibilité de sortir du rôle qu'il ou elle a endossé. À deux, nous décollons l'étiquette qui lui colle à la peau. Et puis, gardons en tête que les enfants feront mieux lorsqu'ils se sentiront mieux.

« CAS D'ÉCOLE »

Mardi matin. 8h50. Mes élèves travaillent dans le calme. Je remplis mon cahier d'appel quand une longue plainte déchirante parvient du couloir. Je passe la tête dans l'entrebâillement de la porte pour voir qui émet un tel cri.

Lucie, une élève d'une autre classe, est accroupie dans un coin, en sanglots. Elle se balance d'avant en arrière. Lorsqu'elle entend le grincement de ma porte, elle me lance un regard perdu et rempli de désespoir, les pupilles dilatées. Elle se lève d'un bond et se blottit contre mes jambes, tremblante et hoquetant, elle s'agrippe à moi. Je sens son cœur qui bat la chamade.

De quoi a-t-elle besoin selon vous ? Que je la rassure, évidement. Que je la garde contre moi et que, d'une voix douce, je l'apaise. Elle semble terrorisée. Elle a besoin de ma présence. Pour le moment, rien de plus. Je pourrais lui demander ce qui ne va pas, mais serait-elle en mesure de m'entendre ? Il faudrait déjà qu'elle reprenne son souffle et qu'elle regagne un peu le contrôle de sa respiration. Son système nerveux est totalement dérégulé.

Je la berce doucement et lui murmure : « Souffle. » J'exagère ma propre respiration pour qu'elle en prenne modèle. Lucie est en totale insécurité. Tant qu'elle sera dans cet état, je ne peux pas l'atteindre. Je l'accompagne avec empathie, et l'encourage d'une voix posée. « Ça va aller, voilà, respire, c'est bien... » Petit à petit, nos respirations se synchronisent.

À ce moment, on entend dans la cage d'escalier des pas pressés. La maîtresse de Lucie, qui vraisemblablement la cherchait, arrive, haletante. Voyant Lucie contre moi, elle s'exclame :

— T'es là, petite chipie !

Puis, s'adressant à moi :

> — Tu sais pas ce qu'elle a fait ? Elle tire les pantalons de ses camardes ! Ah ! Ça, ça te fait bien rire d'embêter les autres et de montrer leurs culottes ! Et quand on la gronde, elle part en courant ! Te laisse pas faire Émilie ! Elle réclame des câlins, mais c'est elle qui fait n'importe quoi ! Viens avec moi Lucie, tu vas t'expliquer devant la directrice et on va voir si tu rigoleras encore !

Vous serez soulagées d'apprendre que cette scène est inventée de toutes pièces. Je n'ai jamais eu à faire face à cette situation. Mais je trouve ça intéressant de se poser la question de nos réactions, et ce, quel que soit le comportement inapproprié que nos élèves peuvent avoir.

Comment espérer que Lucie maîtrise des compétences émotionnelles en la grondant, la menaçant et la punissant ? On aimerait qu'elle soit empathique et qu'elle prenne soin des autres ? Mais on lui montre un exemple agressif, colérique et sans appel.

Une raison l'a poussée à jouer un mauvais tour à un camarade. Quelle était-elle ? Besoin de se faire remarquer ? Envie de faire rire ? Vengeance ? Peu importe. Si je veux que Lucie apprenne à respecter ses camarades, à se comporter autrement, mon rôle est tout autre que celui de la punir..

Lucie, lorsqu'elle se sent débordée par ses émotions, a besoin d'un adulte rassurant qui va l'accompagner vers l'autorégulation. Dans ce domaine, les enfants ne sont pas autonomes. C'est la première étape de l'apprentissage que nous devons leur enseigner. 1. On lui apprend à se maîtriser. 2. On vise la compétence qu'elle n'a pas encore acquise. La gronder et la faire se sentir mal, honteuse ou vexée va m'éloigner un peu plus de cet objectif. Je me dois de l'accompagner et de lui expliquer ce que j'attends d'elle.

À nous d'incarner consciemment les compétences que nous voulons que nos élèves intègrent. Les enfants apprennent en nous regardant faire. Ils miment nos gestes et reprennent nos attitudes. Soyons cohérents entre ce que l'on demande et ce qu'on leur montre à voir.

Alexandre fait tournoyer son manteau et hurle de rage pour mettre ses camardes à distance ? Je m'approche et lui tend la main :

— Tu as l'air très en colère. Viens me voir.

Fidéline crache sur sa voisine ? J'interroge :

— Fidéline, quelque chose s'est passé ?
Tu dois être drôlement fâchée pour cracher sur les cheveux de Nawelle. Regarde, elle pleure, elle a besoin qu'on prenne soin d'elle, qu'on fasse attention à ses cheveux. Et si on allait lui chercher un mouchoir pour l'aider à se nettoyer ? Tu vas me raconter.

Et plus tard, je lui proposerai de s'excuser.

Léna me tire la langue ?

— Tu n'es pas contente, Léna. Parle-moi, si tu as envie de montrer que tu n'es pas d'accord. Je t'écoute.

Quand le lien sera établi et solide, croyez-moi sur parole, les enfants seront apaisés et réconfortés, prêts à vous écouter et à entendre les règles : les manteaux restent au porte-manteau. Je ne veux plus que tu craches, c'est absolument dégoûtant. Les grimaces, c'est pour rigoler devant la glace, pas pour sa maîtresse.

Avant de refermer le livre, rappelez-vous :

- Tout est histoire de lien.
- Je me connecte avant de corriger.
- Je suis à l'affût du moindre petit progrès, sourire, changement dans le comportement des enfants, car cela me prouve que je suis sur la bonne voie.
- Je me félicite d'essayer car JE suis le changement que je veux voir dans l'éducation.
- Je suis indulgente avec moi-même.
- Je peux être fière de moi, je persévère.
- Je me fais confiance, je vais y arriver.

Annexe :
liste de sentiments

LISTE NON EXHAUSTIVE DE SENTIMENTS, QUAND NOS BESOINS **SONT SATISFAITS**

À l'aise
Alerte
Amoureuse
Amusée
Apaisée
Attendrie
Attentive
Aux anges
Bien disposée
Calme
Captivée
Centrée
Chaleureuse
Comblée
Compréhensive
Concentrée
Concernée
Confiante
Connectée
Courageuse
Créative
Curieuse
De bonne humeur
Détachée
Détendue
Déterminée
Dynamique
Ébahie
Éblouie
Emballée
Émerveillée
Émue
Enchantée
En amour
En communion
En confiance
Encouragée
Énergétisée
Engagée
En harmonie
En paix
Enthousiaste
Épanouie
Étonnée
Euphorique
Éveillée
Excitée
Fascinée
Fière
Forte
Gaie
Grisée
Heureuse
Impliquée
Insouciante
Inspirée
Intéressée
Intriguée
Joyeuse
Légère
Libérée
Libre
Motivée
Nourrie
Optimiste
Ouverte
Paisible
Passionnée
Pleine de compassion
Pleine de douceur
Pleine d'élan
Pleine d'énergie
Pleine d'entrain
Pleine d'espoir
Pleine de gratitude
Posée
Présente
Radieuse
Radoucie
Rassasiée
Rassurée
Ravie
Rayonnante
Réceptive
Réconfortée
Reconnaissante
Régénérée
Relaxée
Reposée
Requinquée
Rêveuse
Satisfaite
Sécurisée
Sensibilisée
Sensible
Sereine
Soulagée
Stimulée
Sûre de moi
Surexcitée
Sur un nuage
Tendre
Tonifiée
Touchée
Tranquille
Vivante
Zen

LISTE NON EXHAUSTIVE DE QUELQUES SENTIMENTS, QUAND NOS BESOINS **NE SONT PAS SATISFAITS**

Colère

À bout
À cran
Agitée
Agacée
Aigrie
Amère
Blessée
Choquée
Coincée
Consternée
Contrariée
Courroucée
Crispée
Dégoûtée
Dérangée
Écœurée
En colère
Énervée
Exaspérée
Excédée
Fâchée
Frustrée
Furieuse
Grincheuse
Hors de moi
Horripilée
Impuissante
Indignée
Insatisfaite
Irritée
J'en ai marre
Mécontente
Nerveuse
Pleine d'agressivité
Pleine de

rancœur
Pleine de ressentiment
Révoltée
Saturée
Ulcérée

Peur / confusion
Abasourdie
Anesthésiée
Apathique
Affolée
Angoissée
Anxieuse
Apeurée
Atterrée
Bloquée
Bouleversée
Coincée
Crispée
Confuse
Coupable
Craintive
Déchirée
Déconcertée
Décontenancée
Démunie
Dépassée
Désemparée
Désorientée
Distraite
Divisée
Effondrée
Effrayée
Embarrassée
Embêtée
En détresse
Epouvantée
Étonnée
Fébrile
Fragile
Gênée
Hésitante
Incertaine
Incommodée
Inconfortable
Indécise
Indifférente
Impatiente
Inquiète
Intriguée
Jalouse
Mal à l'aise
Méfiante
Paniquée
Partagée
Perplexe
Perturbée
Préoccupée
Prudente
Réticente
Soucieuse
Soupçonneuse
Stupéfaite
Sur la défensive
Sur la réserve
Sur le qui-vive
Surprise
Sur mes gardes
Tendue
Terrifié
Terrorisée
Tiraillée
Tourmentée
Tracassée
Troublée
Vulnérable

Tristesse
Abattue
Accablée
Aigri
Anéantie
Attristée
Blasée
Cafardeuse
Chagrinée
Chamboulée
Déchirée
Découragée
Déçue
Démoralisée
Démunie
Dépitée
Déprimée
Désabusée
Désespérée
Désolée
Dévastée
Émue
En deuil
Fragile
Impuissante
Malheureuse
Maussade
Mélancolique
Morose
Peinée
Pleine de regrets
Sensible
Seule
Touchée
Triste

Fatigue
Crevée
Endormie
Épuisée
Fatiguée
Lasse
Lessivée
Vidée

Sensations corporelles / autres
Débordée
Démotivée
Écœurée
Honteuse
Indifférente
Impatiente
Lourde
Nauséeuse
Pleine d'ennui
Refroidie
Sans élan
Sans force
Souffrante
Sous pression
Stressée
Tendue
Tremblante
Vide
Vidée

LISTE NON EXHAUSTIVE DE BESOINS

Survie / subsistance

Abri

Activité physique

Air

Eau

Espace

Evacuation, élimination

Lumière

Mouvement

Nourriture

Préservation

Protection

Repos

Respiration

Santé

Sécurité affective

Sécurité matérielle

Vitalité

Réalisation / autonomie / sens

Accomplissement

Action

Adéquation

Affirmation de soi

Apprentissage

Autonomie

But (avoir un but)

Changement

Choix

Clarté

Cohérence

Compréhension

Confiance en soi

Connaissance

Connexion à soi

Conscience

Contribution à la vie,

épanouissement de soi et des autres

Création / créativité

Croissance

Découverte

Développement

Discernement

Direction

Espace pour soi

Estime de soi

Évolution

Exploration

Expression

Faire le meilleur usage de son temps et de son énergie

Finalité

Indépendance

Inspiration

Intégrité

Lâcher-prise

Liberté

Lucidité (voir ce qui est)

Orientation

Paix

Participation

Présence à soi, à ce qui est

Réalisation

Sens de sa propre valeur

Sens, signification de sa vie

Sérénité

Se sentir exister

Signification

Souveraineté

Spontanéité

Stabilité

Structure

Unité avec tout ce qui est

Valeurs

Célébration

De la vie

Des réalisations

Des deuils et des pertes (êtres chers, projets...)

Fêter

Honorer

Partage (des joies et des peines)

Rendre grâce

Ritualisation

Interdépendance / relation

Accueil

Accueil de la différence

Acceptation

Affection

Aide

Amour

Authenticité

Appartenance

Appréciation

Assiduité

Attention

Bienveillance

Bonté

Chaleur humaine

Co-création

Collaboration

Communication

Communion

Compassion

Concertation

Compréhension

Concertation

Confiance
Confidentialité
Connexion
Considération
Contact
Contribution
Coopération
Délicatesse
Discrétion
Donner et recevoir
Douceur
Échange
Écoute
Égalité
Empathie
Équité
Équilibre entre donner et recevoir
Expression
Expression sexuelle
Fiabilité
Fidélité
Gratitude
Honnêteté
Inclusion
Interdépendance
Intimité
Justice
Neutralité
Ouverture
Partage
Partage des joies et des peines
Participation
Permanence
Prendre soin
Présence
Précision
Proximité
Réciprocité
Réconfort
Reconnaissance
Relation
Respect
Sécurité
Se sentir à sa place
Sincérité
Soin
Soutien
Stabilité
Tendresse
Tolérance
Transparence
Trouver sa place
Voir / être vu

Ressourcement/ bien-être

Beauté
Bien-être
Calme
Confort
Connaissance
Défoulement
Détente
Douceur
Émerveillement
Espace
Équilibre
Espoir
Fantaisie
Fête
Fiabilité
Fluidité
Guérison
Harmonie
Humour
Intensité
Intimité
Jeu, loisir
Joie
Légèreté
Ordre, repères
Plaisir
Préservation de temps et d'énergie
Protection
Récréation
Relaxation
Respect du rythme
Ressourcement
Rire
Sensibilité
Simplicité
Soins
Stimulation sensorielle
Toucher, être touchée
Tranquillité
Temps d'intégration
Signification
Stabilité
Structure

LA TECHNIQUE OSBD

S'exprimer :		Écouter avec empathie :
Observation : je cite des faits concrets (sans jugement ni critique). Ce qu'il s'est passé, le fait déclencheur. Quand je vois, j'entends, je me souviens...	O	**Observation :** je cite des faits concrets (sans jugement ni critique). Quand tu vois, quand tu entends ...
Sentiment : j'exprime ce que je ressens en lien avec ces faits. Je me sens...	S	**Sentiment :** j'exprime comment j'imagine que l'autre se sent . Est-ce que tu te sens... ?
Besoin : je nomme les besoins qui sont à l'origine de mes sentiments. Parce que j'aimerais..., parce que j'ai besoin de...	B	**Besoin :** je nomme sur un ton interrogatif les besoins que je pense être à l'origine de ses sentiments. Parce que tu aimerais..., parce que tu as besoin de... ?
Demande : de connexion ou d'action. Je fais une demande concrète et réalisable, réaliste, positive et négociable que je formule au présent. Serais-tu d'accord pour... ?	D	**Demande :** je formule au présent une demande qui invite l'autre à préciser ce qu'il vit. Est-ce bien ça ?

Table des matières

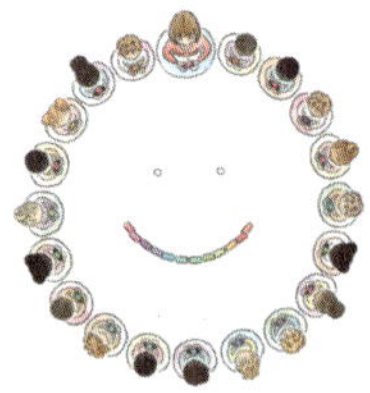

Direction Hachette Pratique : Catherine Saunier-Talec
Responsable éditoriale : Anne Le Meur
Responsable artistique : Carla Dalvy
Création de la maquette intérieure et mise en page : Stéphanie Aguado
Illustrations : Mademoiselle Ève
Photographie de couverture : Laurie Bisceglia
Révision : Marie Borgers et Odile Raoul
Fabrication : Grégory Morin
Partenariats : Dana Lichiardopol (dlichiardopol@hachette-livre.fr)

Achevé d'imprimer en avril 2024 par Estella Gráficas (Espagne)
Dépôt légal : juin 2024
Nuart : 35-2262-5/01
ISBN : 978-2-01-721071-9

PAPIER À BASE DE FIBRES CERTIFIÉES

hachette s'engage pour l'environnement en réduisant l'empreinte carbone de ses livres. Celle de cet exemplaire est de : 2,4 kg éq. CO_2 Rendez-vous sur www.hachette-durable.fr

L'éditeur utilise des papiers composés de fibres naturelles, renouvelables, recyclables et fabriquées à partir de bois issus de forêts qui adoptent un système d'aménagement durable. L'éditeur attend également de ses fournisseurs de papier qu'ils s'inscrivent dans une démarche de certification environnementale reconnue.